아들아
시간을 낭비하기에는
인생이
너무 짧다

아들아
시간을 낭비하기에는
인생이 너무 짧다

초판 1쇄 발행   2015년 10월 17일
개정판 11쇄 발행 2024년 8월 16일

지은이 | 필립 체스터필드
옮긴이 | 이유진
펴낸곳 | 도서출판 넥스웍
펴낸이 | 최근봉
디자인 | 디자인 [연:우]
등록번호 | 제2014-000069호
주소 | 경기도 고양시 덕양구 행신동 햇빛마을 2004동
전화 | 031) 972-9207
팩스 | 031) 972-9208
이메일 | cntpchoi@naver.com

ISBN: 979-11-88389-17-9 (13190)

이 도서의 국립중앙도서관 출판예정도서목록(CIP)은
서지정보유통지원시스템 홈페이지(http://seoji.nl.go.kr)와
국가자료종합목록 구축시스템(http://kolis-net.nl.go.kr)에서 이용하실 수 있습니다.
(CIP제어번호 : CIP2020045437)

아들아
시간을 낭비하기에는
인생이
너무 짧다

Load Chesterfield: Letters to His Son

필립 체스터필드 지음

이유진 옮김

N 넥스웍

CONTENTS

Letters 9

아들에게 전하는
최고의 교훈

Letters 1

사랑하는
아들에게

시간의
진정한 가치를
아는 자만이
인생을 알 수 있다

시간의 참된 가치를 알아야 한다. 그것을 붙잡아라.
억류해야 한다. 그리고 그 순간순간을 즐겨야 한다.
게을리하지 말며, 해이해지지 말며, 우물거려서는 안 된다.
오늘 할 수 있는 일을 내일까지 미루어서는 안 된다.

_체스터필드

아들아, 지금 하는 말을 다른 무엇보다 마음 깊이 새긴다면 인생에 큰 도움을 얻을 수 있을 거다. 바로 시간이 얼마나 가치 있는 것인지, 그리고 시간을 어떻게 사용해야 하는지에 대한 이야기다.

누구나 쉽게 "시간은 소중하다."라고 말할 수 있지만 주변을 살펴보면 실제로 시간을 소중하게 사용하는 사람은 그리 많지 않더구나. 가치 없는 일에 가볍게 시간을 낭비해 버리는 사람들조차도 "시간은 참으로 소중하다."든지, "눈 깜짝할 사이에 시간은 지나가 버린다."는 둥 말로는 그럴 듯하게 둘러대지.

이 세상에는 시간에 대한 격언이 많고 많지만 그중에서 적당히 입에 담기란 그만큼 쉬운 일이다.

유럽 곳곳에 있는 해시계에는 이런 문구가 새겨져 있단다.

"시간을 낭비하지 않고 제대로 사용하는 것이 얼마나 중요한 일이며, 한 번 가버린 시간은 다시 올 수 없다는 사실을 잘 알면서도, 자신의 시간을 낭비하지 않는 사람이 없다."

그래, 정말 시간의 중요성에 대해서는 말하고 또 말해도 아깝지 않단다. 그런 점에서 너의 태도를 살펴보았어. 다행히도 너는 시간의 소중함을 잘 알고 있는 것 같더구나. 시간의 소중함을 아느냐 모르느냐에 따라 그 사람의 인생은 하늘과 땅만큼 달라질 거야. 그러니 시간에 대해 올바른 생각과 태도를 보인다는 것은 인생에서 그 무엇보다 중요한 일이지. 어떻게 하면 시간을 잘 사용하는 것인지, 혹은 잘 사용하지 못하는 것인지 시시콜콜 말하지는 않으려고 한다. 그렇지만 너의 기나긴 일생 중 어느 한 시기, 즉 앞으로 2년 동안 시간을 어떻게 사용할 것인가에 대해 몇가지 교훈을 주고 싶구나.

지식의 기반을 다져야 한다

먼저 사회에 첫발을 내딛기 전까지는 우선 지식의 기반을 다지는 일에 힘쓰는 것이 좋을 것이다. 그렇지 않으면 네가 뜻하는 대로 인생을 살아가기는 쉽지 않을 수 있기 때문이지. 다양한 배움을 통해 얻게 된 지식은, 내 나이쯤 되어서는 삶의 휴식처가 되기도 하고 피난처가 되기도 한단다.

나는 퇴직 후에도 항상 책을 가까이 하며 살아가려고 한다. 지금 내가 아무런 방해 없이 독서의 즐거움에 빠질 수 있는 것도, 생각해보면 네 나이 때 확고한 신념을 지니고 공부했기 때문인 듯싶다. 그때 좀 더 열심히 공부했다면 이 만족감은 더욱 컸을 수도 있겠지. 이렇게 세상의 속박을 떠나 자유로운 마음으로 독서에서 삶의 평온함을 얻을 수 있다는 것이 얼마나 소중한지 모른다. 그런 의미에서 젊었을 때 어느 정도 지식을 쌓아둔 것이 정말 다행이라고 생각한다.

그렇다고 해서 놀았던 시간이 무조건 헛되다는 뜻은 아니다. 논다는 것은 모든 젊은이의 욕구이며 때로는 삶의 의욕을 북돋워주기도 하니까 말이다.

나도 네 나이 때에는 마음껏 놀았다. 만약 그 시기에 전혀 놀지 않았다면 논다는 것을 잘못 판단하게 되었을지도 모를 일이야. 원래 사람들은 자기 모르는 일에는 유난히 더 흥미를 갖게 되잖니? 다행히도 나는 네 나이 때 마음껏 놀았기 때문에 논다는 것이 어떤 것인지 잘 알고 있으며 후회하지도 않는다. 일을 실제로 해보지 않고 겉으로만 보는 사람은 그 일을 잘 모르는 탓에 '나도 한번 해보고 싶다.'라고 생각하겠지만, 실제로 경험해 본 사람은 그 일에 대해 미련이나 아쉬움이 남지 않거든.

다행히 나는 일하는 것에도 노는 것에도 능했다. 지금 생각해보면 정말 잘한 일이었지. 그런데 내가 후회하는 일이 딱 한 가지가 있다. 그것은 바로 젊은 시절 미래에 대해 진지하게 생각하지 않고 시간을 나태하게 흘려보낸 것이다. 열심히 일한 것도, 논 것도 모두 좋은 경험이 되었지만, 미래에 대한 뚜렷한 계획이나 생각 없이 지낸 것은 정말 아쉬움으로 남는다.

네 인생에서 앞으로의 2년은 정말 중요하다. 이 시간을 가치 있게 보낸다면 남은 수십 년은 전혀 다른 삶이 되겠지. 이 시기에 미래에 대해 고민해보지 않고 그럭저럭 닥치는 일에 시간을 허비하며 보낸다면, 정말 하고 싶은 일에 필요한 지식을 쌓지도 못하고 인격을 키우거나 사람들과의 관계를 맺는 것에도 큰 손실을 줄 거야. 반면, 어떤 미래를 살고 싶은지 진지하게 생각하고 그 꿈을 위해 이 시기를 알차고 값지게 보낸다면 분명 네가 그리는 모습에 성큼 다가가 있음을 깨닫게 되겠지.

먼저 앞으로의 2년 동안 학문의 기반을 다져 놓으렴. 일단 기반이 다져져 있으면 언제든지 원할 때 원하는 만큼의 지식을 쌓을 수 있거든. 다시 말해서 스스로 생각하는 습관, 사물을 바라보는 눈, 사건을 해석하는 시각, 판별하고 비판할 수 있는 능력 등이 생기도록 학문의 기초를 다져야 해.

지금처럼 배우기 좋은 젊은 시절에 이러한 기초를 닦지 못하면, 정작 지식이 필요한 시기에는 지식을 쌓는 자신만의 방법도 습득하지 못한 채 학문의 기초부터 쌓으려고 아등바등하게 될 거야. 이미 늦은 셈이지.

만약에 글자를 읽지 못하는 사람이라면 책을 통해 물리학에 대한 지식을 얻을 수 없을 거다. 물리학에 대한 지식을 쌓고 싶다면 기본적으로 글자도 읽을 수 있어야 하며, 수학에 대한 지식, 과학 전반에 대한 이해도 있어야 한다. 그런 면에서 학문의 기초를 다진다는 것이 얼마나 중요한지 이해할 수 있겠지?

네가 일단 사회에 발을 디딘 후에는 책을 많이 읽으라고 말하지 않을 것이다. 현실적으로 막상 사회인이 되면 그럴 만한 시간적인 여유가 없거든.

설령 시간이 있다고 해도 지금처럼 지식을 쌓는 데 많은 시간을 보낼 수 없을 거다. 그러니 네 인생에서 가장 좋은 면학의 시기는 바로 지금이다. 지금처럼 아무런 방해도 없이 마음껏 지식을 축적할 수 있는 시기가 또 오지는 않거든. 물론 좀 더 나이가 든 후에도 배움의 시기를 갖는 사람들이 있다. 그러나 뒤늦게 배우려면 가정을 부양할 책임, 사회적 위치, 나이에 관한 부담 등 여러 가지 책임지고 신경 써야 할 일이 너같이 젊은 사람보다 훨씬 많을 거다. 그러니 지금이 배우기에는 가장 적합한 시기다.

때로는 책상 앞에만 앉아 있으려니 짜증이 날 테지. 그럴 때는 이렇게 생각해라. '그래, 어차피 인생에서 한 번은 통과해야 할 일이다. 젊어서 통과하느냐, 좀 더 나이 들어서 통과하느냐의 문제일 뿐이야. 지금 견뎌내는 만큼 인생의 목표에도 그만큼 빨리 도달할

수 있다.'

이 배움의 시기에서 빨리 자유로워지느냐 그렇지 못하느냐는 네가 어떻게 시간을 활용하는가에 달려 있다. 사회에 발을 디딘 후에는 책에만 몰두하기란 불가능하며 때로는 부적절하다는 것을 명심해라. 너처럼 젊은 시절에 배움의 기회를 놓친 사람들이 지금의 네 나이 또래로 얼마나 돌아가고 싶어 하는지 기억하렴.

배우는 과정이 힘들어 대충 통과한 채 사회인이 되고 싶더라도 배움은 반드시 거쳐야 할 과정으로 받아들였으면 좋겠다. 하루에 더 많은 시간을 걸을수록, 더 빨리 네가 원하는 목적지에 도달하게 될 것이다. 그런 의미에서 너에게 제안하고 싶구나. 네가 사회에 나가기까지 필요한 준비를 하는 데 최선을 다한다면, 나는 네가 꿈을 이루기까지 최선을 다해 함께 하며 도움을 주면 어떨까? 네 꿈이 무엇이든, 네 바람이 무엇이든 좋다. 정치가든, 학자든, 작가든, 예술가든, 그 목적지를 향해 달리기 위해 지금 네게 필요한 것은 걷는 방법을 배우는 것이다. 그러니 함께 학문의 기초를 닦는 데에 최선을 다해라.

아들아
시간은 나비
인생이 하가는
너무 짧다

자기 개발을 위한 노력은 아무리 해도 지나치지 않다

행복하게 지내는 사람은 대개 노력가이다.
게으름뱅이가 행복하게 지내는 것을 보았는가.
수확의 기쁨은 흘린 땀에 정비례한다.

_윌리엄 블레이크

알맞게 절제할 수만 있다면 네 나이 때에는 무리하게 운동하지 않아도 충분히 건강을 유지할 수 있다.

그러나 두뇌는 그렇지가 않다. 특히 네 나이 때에는 평소에도 절제하는 마음을 유지하도록 애쓰는 것이 필요하다. 때로는 머리를 쉬게 하는 취미생활과 운동을 하는 것도 중요하지. 지금 이 시간을 어떻게 활용하느냐가 핵심이고, 그것이 장래의 네 두뇌 활동에 큰 영향을 미친다.

명석하고 건강한 두뇌를 유지하기 위해서는 상당한 훈련이 필요하다. 훈련된 두뇌와 훈련되지 않은 두뇌를 비교해보면 그 차이가 엄청나지. 그래서 너도 자신의 두뇌를 훈련하기 위해 수없이 많은 시간과 노력을 아끼지 말아야 할 것이다.

물론 특별한 훈련 없이도 천부적인 재능을 나타나는 사람이 간혹 있기는 하다. 하지만 좀처럼 일어나지도 않는 일을 기대하면서 요행만 바라고 있을 수도 없는 노릇이잖니? 만일 그러한 천부적인 재능에 훈련까지 보태진다면 더 위대하게 될 것은 자명한 일이지.

따라서 늦기 전에 지식을 쌓을 수 있도록 노력을 아끼지 말아야 한다.

다시 한번 너 자신을 냉정하게 돌아보렴. 너에게는 아직 특별히 성공할 만한 지위나, 재산이 있는 것도 아니다. 나 역시도 평생 네게 힘이 되어 주지는 못할 거다. 네가 성인이 되어 사회에 진출할 때쯤에는 이미 나도 은퇴를 한 이후일 테니 말이다. 그렇게 된다면 너는 무엇을 의지하고 무엇에 기대겠니? 네게 있는 것은 너 자신의 능력이다.

살다 보면 이렇게 말하는 사람들이 많더구나.

"난 원래 뛰어난 사람인데 사회에서 인정을 받지 못했어요."

"저 사람에게 밀리지만 않았어도 나도 뛰어난 사람이 되었을 텐데."

"상황이 너무 안 좋았어요. 다른 집에서 태어났다면 나도 뛰어났을 거예요."

글쎄다, 내가 알고 있는 바로는 사실 그렇지 않단다. 분명히 자기 향상을 위해 부단히 노력하는 사람은 어떠한 역경이 닥치더라도 반드시 성공의 열매를 거두게 되더구나.

자신을 성장시키는 세 가지 요소

내가 말하는 '특출한 사람'이란 지식과 식견 그리고 매너가 훌륭한 사람을 의미한다. 가장 먼저 앞에서도 말했지만, 지식은 자신이 무엇을 목표로 삼든지 충분히 몸에 익혀 두어야 한다.

또한 식견 역시 정말 중요한 것이지. 아무리 지식을 쌓았다고 한들 사물을 분별할 수 있는 눈인 식견이 없다면 지식을 헛되게 쌓은 것이다. 식견이 없는 사람은 다른 사람이 하는 말에 쉽게 속거나 잘못된 일에 휩쓸리기 쉽지. 식견을 갖지 못한 사람은 결국 쓸쓸하게 허무한 인생을 살게 된단다. 젊은 시절 똑똑해 보이던 사람도 식견이 없어 결국 중년 이후 초라하게 허물어지는 사람들도 많다.

매너는 네 입장에서 어찌 보면 앞서 제시한 세 가지 요소들 가운데 가장 사소한 것처럼 보일지도 모른다. 그렇지만 특출한 사람이 되기 위해서는 빼놓을 수 없는 요소다. 그 사람의 매너에 따라 지식이나 식견이 더 빛나기도 하고 흐려지기도 하니까. 그리고 사람의 마음을 매료시키는 것도 어쩌면 지식이나 식견보다 매너에 의한 경우가 더 많은 것 같다. 사람들은 상대방을 배려하고 상대방을 존중해 주는 매너를 가진 사람에게 호감을 느낀다. 그러므로 매너가 좋은 사람 주변에는 사람들이 모여들지.

지식은 배움과 관련이 있다. 그리고 식견은 그 배움을 활용하는 지혜와 관련이 있다. 마지막으로 매너는 관계와 관련된 문제다. 다른 사람들과 맺는 관계는 네 삶에 아주 큰 영향을 미칠 수 있다.

기회가 있을 때마다 내가 써 보낸 사연들, 그리고 앞으로 써 보낼 글에 대하여 진지하게 귀를 기울여라. 그것들은 내가 지금까지 살면서 오랜 경험 끝에 얻어낸 소중한 지혜의 산물이다. 무엇보다도 너에 대한 나의 애정의 표시이기도 하지. 나는 아들이 아닌 다른 사람에게는 이렇게 조언할 수 없을 거다.

때로는 이해가 되지 않을 때에도 나의 말을 심사숙고하고 귀 기울여 따른다면 언젠가는 나의 조언이 헛되지 않았음을 깨달을 날이 반드시 올 거다.

아들아
시간을 나비
인생이 하기에는
너무 짧다

젊은 시절 똑똑해 보이던 사람도
식견이 없어 결국 중년 이후
초라하게 허물어지는 사람들도 많다.

LetterS 2

큰 그릇일수록
더 많은 것을
담을 수 있다

부단한
노력 없이는
성공할 수
없다

아들아, '태만'에 대해 말해주고 싶구나. 너도 알다시피 너를 향한 나의 애정은 연약하고 너그럽기만 한 어머니의 애정과는 다르다. 나는 자식의 결점까지도 감싸주면서 관대하게 넘기고 싶지는 않다. 오히려 그 반대지. 자식의 결점이 보이면 바로 잡아줄 것이다. 그것이 부모의 의무라고 생각하기 때문이다. 또한 부모인 내가 지적한 점을 고치려고 노력하는 것이 자식인 너의 의무라고 생각하는데, 너는 이 점에 대해 어떻게 생각하느냐?

너를 곁에서 살펴본 결과, 다행스럽게도 지금까지 너에게는 성격이나 재능 면에서 별로 이렇다 할 문제가 없었다. 다만 아쉬운 점이 있다면, 너에게는 게으르고 산만하며 무관심한 태도가 조금 있다고 여겨지는구나.

그런 점은 나이 든 노인처럼 육체적으로나 정신적으로 쇠약해진 경우라면 몰라도-인생의 황혼기를 맞이한 노인은 여생을 평온히 보내기를 원하기 때문이다-젊은이에게는 절대로 용납할 수 없는 일이다. 젊은 사람은 무슨 일에서든 남보다 더 뛰어나고자 노력하지 않으면 안 된다. 행동은 민첩해야 하고 끈기가 있어야 한다.

　로마의 유명한 정치가였던 시저는 이런 말을 했지.

　"무엇인가를 만들어 내는 훌륭한 행동이 아니라면 그것은 행동이라고 말할 수도 없다."

　너에게는 끓어오르는 젊음의 활기 같은 것이 조금 모자라는 것같다. 활기가 있어야 주위 사람들을 기쁘게 할 수 있으며, 남들보다 뛰어나고자 노력할 수 있다. 다시 말한다면, 누군가에게 존경받는 사람이 되고 싶다면 그렇게 되기 위해 정열을 가지고 부단히 노력해야 한다. 이것은 진리다. 남을 기쁘게 하고자 하는 마음이 없이는 남을 기쁘게 만들 수 없는 것과 똑같은 이치다. 무슨 일이든 활기 있게 하려고 노력해라.

높은 이상을 품고 가치 있는 일의 성취에 힘써라

사람은 열심히 노력만 한다면 누구든지 자신이 마음먹은 바를 이룰 수 있다고 나는 믿는다. 평범한 재능을 가진 사람이라도, 자신의 능력을 개발하고 집중력을 키우는 일에 부지런히 노력한다면 – 시인의 경우는 예외일 수 있지만 – 누구나 훌륭한 사람이 될 수 있다.

앞으로 이 사회에 나가 한몫을 담당하기 위해서 네가 지금 해야 할 일은 무엇일까? 그것은 세계 각국의 정세와 이해관계, 경제 상황을 비롯하여 역사, 관습 등에 이르기까지 폭넓은 지식을 습득하

는 일이다. 이런 일들은 보통의 두뇌를 지닌 사람이라면 조금만 노력을 기울여도 충분히 할 수 있다. 자기가 무엇을 해야 하는지 잘 알고 있으면서도 그것을 실천하지 않는 것은 게으른 것일 뿐이다.

게으른 사람은 일을 성취하려는 노력을 끝까지 하지 않는다. 조금만 까다롭거나 아프면(가치 있는 것을 성취하는 일에는 다소의 어려움이나 골치 아픈 것이 따르게 마련이다.) 쉽게 좌절함으로써 목표를 성취하기 직전에 이르러서도 곧잘 포기하고, 결과적으로 표면적인 지식을 얻는 것에 만족해버린다.

이런 사람들은 실제로 진지하게 도전해서 이루지 못한 일이 그다지 많지 않은데도, 무슨 일을 하든지 지레 겁부터 먹게 된다. 목표를 성취하고자 노력하기보다는 미리 불가능하다고 결정지어 버린다. 그러고는 자신의 태만을 변명하기 위해, 열심히 노력했지만 할 수 없었다고 한다.

그들은 무슨 일이든지 처음에 받아들인 대로만 해석할 뿐 다른 관점으로는 생각하고 싶어 하지 않는다. 결국, 깊이 생각하고 고민하지 않는 것이다. 이런 사람이 통찰력이나 집중력을 겸비한 사람을 상대로 대화하면 금세 자신의 무지와 태만이 드러나게 되어, 종잡을 수 없는 이야기로 횡설수설하기에 십상이다.

그러므로 어렵거나 귀찮은 일이라고 생각되어도 결코 처음부터 포기해서는 안 된다. 더욱 용기를 내어 반드시 이루고야 말겠다는

굳은 마음가짐을 가져야 한다. 그런 의지 없이 어떻게 이 험한 세
상을 살아갈 수 있겠니?

작은 일에
소홀히 하지 않는
사람이 성공한다

사람은 반드시 자기 자신을 아끼는 마음이 있어야만
비로소 자기를 이겨낼 수 있고
자기 자신을 이겨낼 수 있어야만
비로소 자신을 완성할 수 있다.

_왕양명

세상에는 하찮은 일로 일 년 내내 바쁘게 살아가는 사람이 있다. 그들은 무엇이 중요하며 무엇이 중요하지 않은가를 구분하지 못한다. 그래서 중요한 일에 전념해야 할 시간과 노력을 사소한 일에 쏟아버리기도 한다. 이런 사람은 누군가를 만나 대화할 때도 외모에만 마음을 빼앗겨 정작 상대방의 인격을 보지 못한다. 연극을 보러 가더라도 내용보다는 무대장식 같은 것에 더 눈을 빼앗겨버린다. 정치에 대해서도 정책의 옳고 그름을 말하기보다는 형식에 얽매여버린다. 그래서는 안 된다.

그런데 하찮은 일처럼 보일지라도, 그것이 없으면 호감을 살 수도 없고 사람을 즐겁게 할 수도 없는 것이 있다. 그런 것은 훌륭한 인간이 되기 위해 지식이나 식견을 넓히고 훌륭한 태도를 몸에 익히려고 생각하는 것처럼, 아무리 사소한 것이라도 노력하여 몸에 익혀두는 것이 좋다. 조금이라도 가치가 있다고 생각되는 것은 온 힘을 다해 성취할 일이다. 그리고 훌륭하게 그 일을 성취하기 위해서는 무엇보다도 먼저, 그것에 주의를 기울여 노력하는 습관이 중요하다.

그러므로 너에게 권하고 싶다. 예컨대 춤이나 복장 같은 사소한 것에도 신경을 쓰도록 해라. 때에 따라서는 춤도 젊은이들이 알아두어야 하는 것으로 인식되고 있다. 하찮은 것처럼 보일지 몰라도 그런 것을 배우는 것이 좋다. 춤을 배울 때는 단정하고 반듯한 마음으로 배워야 한다. 우스꽝스러운 동작이라고 무시해서는 안 된다.

복장도 마찬가지다. 네가 다른 사람을 볼 때는 외모만 보고 쉽게 평가하지 않는 것이 좋다. 그러나 사람들은 외모로 상대방을 평가하는 경우가 많아서 너는 단정한 외모로 호감을 주는 것이 좋다. 사람은 누구나 옷을 입지. 그렇다면 단정하게 옷을 입어 다른 사람에게 좋은 인상을 주는 것이 좋지 않겠니?

눈앞에 있는 사물이나 인물에 관심을 가져라

대체로 주의가 산만하다는 말을 듣는 사람은 머리가 모자라는 사람이거나 마음이 다른 곳에 있어 집중력이 부족한 사람이다. 어느 쪽이든 자리를 함께 하고 있어도 즐겁지 않으리라는 것은 분명하다. 그러한 사람은 모든 면에서 예의에 어긋나 있게 마련이다.

이를테면 어제는 다정하게 대했던 사람에게 오늘은 냉담해지기도 하고, 모두가 즐겁게 대화를 나누는데도 혼자서 다른 생각에 젖어 어울리려 하지 않는다. 그뿐만 아니라 때때로 갑자기 생각난 듯 흐름과는 상관없이 자기 멋대로 대화에 끼어들기도 한다. 이것은 한 가지 일에 정신을 집중시키지 못하기 때문이지.

예외적이긴 하지만, 뉴턴을 비롯하여 오늘날까지 위대한 업적을 남겼던 수많은 천재 중에서는 주위에 아무리 많은 사람이 있어도 혼자서 깊은 사색에만 몰두하는 집중력을 보였던 이들도 있었다. 하지만 우리 같은 일반 사람들은 그래서는 안 된다. 조금이라도 그런 흉내를 냈다가는 단순한 바보 취급받기 십상이고, 결국에는 동료로부터 소외당하고 말 것이다.

집중력이 부족하거나 주의가 산만한 사람과 같이 있으면 대다수 사람은 불쾌하게 여긴다. 그것은 상대방을 모욕하는 것과 다름없다.

모욕은 어떤 사람이라도 환영받지 못할 일이다. 너도 생각해 보렴. 자기가 존경하는 사람이나 사랑하는 사람을 앞에 두고도 마음을 다른 곳에 빼앗겨 산만해질 수 있겠니? 그럴 리가 없다. 예컨대 어떠한 사람이라도 주목할 만한 가치가 있다고 생각되는 사람에 대해서는 정신을 집중할 수 밖에 없는 법이다. 그리고 어떠한 상황에서도 주목할 만한 가치가 없는 상대는 없다.

솔직한 내 생각을 말하자면, 마음이 다른 곳에 가 있는 사람과 함께 있으니 차라리 죽은 사람과 함께 있는 편이 낫다. 적어도 죽은 사람은 나를 바보 취급하지는 않는다. 그런데 함께 있으면서도 주의가 산만하고 정신이 멍해져 있는 사람은 나를 주목할 만한 가치가 없는 사람이라고 무언으로 단정하고 있는 셈이다. 설령 그것이 허용된다 하더라도 정신이 산만한 사람이 과연 함께 있는 사람들의 인격이나 태도, 그 고장의 관습 따위를 어떻게 정확히 관찰할 수 있을까? 할 수 없을 것이다. 그런 사람은 설령 평생 훌륭한 사람들에게 둘러싸여 있다 하더라도 무엇 하나 얻는 것 없이 인생을 허비해버리고 말 것이다.

지금 해야 할 일과 하는 일에 정신을 집중시키지 못하는 사람은 훌륭한 일을 할 수도 없을 것이며, 좋은 대화의 상대도 되지 못할 것이다.

너무 깊은 사색에 빠지지 않도록 해라

나는 너의 교육을 위해서는 단 한 푼도 아낄 생각은 없지만(그것은 경험상 너도 충분히 알고 있겠지.), 그렇다고 해서 너를 위하여 이른바 '주의환기인(注意喚起人)'을 고용할 생각은 없다. 주의환기인에 관해서는 너도 조나단 스위프트(영국의 성직자,풍자작가)가 쓴 〈걸리버 여행기〉를 통해서 알았겠지.

걸리버에 의하면 라퓨타 사람 중에는 언제나 깊은 사색에 잠겨 있는 철학자가 있는데, 그들은 주의환기인이 발성 기관이나 청각 기관을 직접 건드려 주지 않으면 말을 할 수도 없고 다른 사람의 말을 들을 수도 없다고 한다. 그래서 여유가 있는 집에서는 하인 중 한 사람에게 그 일을 맡기고 있다고 한다.

주인들은 주의환기인 없이는 밖에 나가 다른 집을 방문할 수도 없고 산책을 할 수도 없다. 왜냐하면 항상 깊은 사색에 잠겨 있어, 어떤 위험에 처하게 되었을 때 눈꺼풀을 가볍게 건드려서 그것을 알려주지 않으면, 언제 낭떠러지에서 발을 헛디딜지, 기둥에 머리를 부딪칠지 모르기 때문이다. 또 길거리를 걸을 때는 언제 사람에게 부딪칠지, 언제 개집을 발로 걷어찰지 모르기 때문이다.

물론 나는 네가 라퓨타 사람들처럼 깊은 사색에 잠겨 주의가 산만해질 것이라고는 티끌만큼도 생각하고 있지 않다. 너의 경우는 오히려 사색이 필요한 편이겠지만, 그렇다고 해서 너무나 부주의하여 주의환기인이 필요한 상황이 발생하지 않도록 조심하여라.

상대방의 자존심도 너의 자존심만큼이나 중요하다

누구나 잘못을 저지르지 않는 사람은 없다.
문제는 그 잘못을 고치느냐 않느냐에 있다.
자기의 잘못을 변명하고 합리화하려는 사람보다는
곧 자기 잘못을 인정하고 고치며
자신의 귀중한 경험으로 삼아야 한다.

_논어

Letters 2-3

'주의환기인'까지 필요할 정도는 아니겠지만, 너는 주위 사람들에 대한 주의력이 다소 부족해 보인다. 주의력이 부족하다는 것은 네가 그 사람들을 무시하고 있다는 뜻으로 해석할 수도 있다. 자주 이야기했지만, 세상에는 무시해도 좋을 만큼 사려가 없고 쓸모없는 인간은 없는 법이다.

물론 이 세상 사람 중에는 여러 부류가 있다. 그중에는 어리석은 사람, 칠칠치 못한 사람, 똑똑하지 못한 사람들도 많을 것이다. 나는 그런 사람들을 존경하라고 말하지는 않겠다. 그러나 그런 사람들을 무시해서도 안된다. 노골적으로 무시하고 바보 취급하다가는 오히려 자기 신세를 망칠수도 있다.

상대방을 싫어하는 마음은 자유일 수 있지만, 굳이 그런 마음을 드러낼 필요까지는 없다. 상대방을 좋아하지 않는 자신의 솔직한 마음을 숨기는 것은 결코 비겁한 일이 아니다. 오히려 때로는 현명한 태도이지. 왜냐하면 그런 사람이라 해도 살아가다 보면 언젠가는 너에게 힘이 되어줄 때가 있을지도 모르기 때문이다.

Letters 2 큰 그릇일수록 더 많은 것을 담을 수 있다

39

  그럴 때, 네가 단 한 번이라도 그 사람을 무시한 적이 있다면 상
대방은 너의 힘이 되어 주지 않을 것이다. 나쁜 짓은 용서받을 수
있을지라도 모욕은 용서받을 수가 없다. 사람은 누구에게나 자존
심이 있고, 그 자존심은 저마다 존중받을 수 있어야 한다.
  무시당한다는 것은, 때로 숨겨두고 싶은 약점이나 결점을 노골
적으로 건드리는 일로 연결되기도 한다. 이것은 괴로운 일이다. 실
제로 자기의 잘못을 친구들에게 말하는 사람은 많지만, 아무리 친
한 친구라고 해도 자기의 약점이나 결점을 말하는 사람은 흔치 않
다. 그와 마찬가지로 잘못을 지적해 주는 친구는 있어도 이쪽의 어
리석음을 노골적으로 건드리는 사람도 없다. 자기 스스로 말을 하
든 남에게 지적을 받든, 둘 다 자존심에 깊은 상처가 된다는 점을
잘 알고 있기 때문이다.

어떤 사람이라도 모욕을 당하게 되면 그것에 분개할 만큼의 자존심은 가지고 있다. 그러므로 평생의 적을 두고 싶지 않거든, 아무리 모욕을 받아 마땅한 인간이라고 생각되더라도 그것을 겉으로 드러내서는 안 된다.

자신의
가치관으로만
세상을
판단하지마라

마음은 얼굴에 나타나는 것이다.
얼굴을 바르게 하는 것으로써 신의의 사람
성실한 사람에게 가까이 할 수가 있는 것이고
거짓인 사람은 멀리 떠나게 되고
진실한 사람이 내게 가까이 오게 된다.

_증자

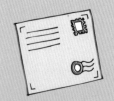

네 편지를 받았다. 네가 로마 가톨릭 교회에 관해 어리석은 이야기를 듣고, 또 그것을 맹신하고 있는 신도들을 보고 놀란 기분은 잘 알겠다. 하지만 아무리 잘못된 믿음이라도 본인들이 진심으로 그렇게 믿고 있는 한 결코 비웃거나 책망해서는 안 된다.

분별력이 흐려져서 바르게 볼 수 없는 사람은 불쌍한 사람들이다. 웃음거리가 될 만한 일이나 책망을 받을 만한 일을 해서 그렇게 된 것은 아니다. 그러므로 다정하게 대하고, 될 수 있으면 서로 대화를 통해 올바른 방향으로 인도해 주려는 마음가짐으로 대하는 것이 좋다. 결코 비웃거나 책망해서는 안 된다.

인간은 저마다 자신의 생각에 따라서 행동하는 법이다. 그런데 상대방의 생각과 행동에 대해서도 자신과 같아야 한다고 생각하는 것은 상대의 체형이나 몸집이 자기와 똑같아야 한다고 생각하는 것처럼 교만한 일이다. 인간은 저마다 자신이 옳다고 생각하며 살아간다. 그런데 정말로 누가 옳고 그른가를 알고 있는 것은 하느님밖에 없다.

그러므로 자신의 생각과 다르다고 해서 남을 무시하는 행동은 어리석은 일이며, 자신의 믿음과 다르다는 이유로 이교도 취급을 하며 박해하는 것 또한 우스운 일이다. 인간은 자신이 생각하는 것 밖에는 생각할 수 없으며, 믿는 것밖에는 믿을 수 없다. 책망을 받아야 할 사람은 일부러 거짓말을 한 사람이나 이야기를 날조한 사람이지 그것을 믿는 사람이 아니다.

떳떳하게 살아가겠다는 마음가짐을 가져라

거짓말만큼 비열하고 어리석은 것은 없다. 거짓말은 흔히 적대시하는 마음이나 비겁함, 또는 허영심에서 비롯되는데, 어느 경우든 목적이 달성되는 일은 드물다. 아무리 완벽하게 속이려 해도 거짓말은 반드시 탄로가 나기 때문이다.

예를 들어 누군가의 행운이나 인덕을 시샘하여 거짓말을 했다고 하자. 얼마 동안은 상대에게 상처를 줄 수도 있을 것이다. 하지만 결국 가장 큰 고통을 받는 것은 자기 자신이다. 거짓말이 들통 났을 때 - 대개는 들통이 나는 법이다 - 가장 크게 상처를 입는 것은 자기 자신이기 때문이다. 더구나 이후에도 그 상대에 대해 호의적이지 않은 말이라도 하게 되면, 진실 여부와는 상관없이 단순한 험담이라고 받아들이게 될 것이다.

또 자기의 말과 행동에 대해 변명하거나 명예가 손상되고 창피를 당할까 두려워 거짓말을 하거나 변명을 한다면, 머지않아 그 사람은 자기의 거짓말과 그 원인이었던 불안 때문에 도리어 명예를 더럽히는 창피를 당한다는 것을 깨닫게 될 것이다. 그 사람은 자기가 저급하고 비열하다는 것을 증명한 것이나 다를 바 없다. 주위 사람들이 그런 눈으로 보아도 어쩔 수가 없다.

만일 불행히도 잘못을 저지르고 말았을 때는 거짓말로 그것을 숨기려 하기보다는 솔직하게 인정하는 것이 떳떳하다. 그리고 그렇게 하는 것이 속죄하고 용서를 구하는 유일한 방법이다.

잘못이나 무례함을 숨기기 위해 변명하고 얼버무리고 속이는 행위는 그다지 보기 좋은 것은 아니다. 게다가 그 사람이 무엇을 두려워하고 있는지도 자연히 알려지게 되는 법이다.

너도 양심이나 명예에 상처받지 않고 훌륭하게 살고 싶거든, 거짓말을 하거나 속이지 말고 떳떳하게 살아라. 이 말을 생명이 다할 때까지 머릿속에 새겨 두어라. 그렇게 사는 것이 인간의 의무이며 자신에게 이익이 된다.

너도 깨닫고 있겠지만, 어리석은 인간일수록 곧잘 거짓말을 하는 법이다. 나도 상대방이 어느 정도 거짓말을 하는지 보면서 그의 인격과 지능 정도를 측정하고 있단다.

LetterS 3

성공적인
삶을 위한
마음가짐

오늘 1분을 비웃는 자, 내일 1초에 운다

벼슬하면서 사욕을 채우면 벼슬을 잃으면 후회하게 된다.
부유했을 적에 절약하지 않으면 가난해졌을 때에 후회한다.
젊었을 때 기예를 배우지 않으면 나이 들어 후회하게 된다.
일을 보고 배우지 않으면 필요할 때 후회한다.
술 취한 뒤에 함부로 말하면 깨어났을 때 후회한다.
몸이 성했을 때 휴식을 취하지 않으면 병이 들었을 때 후회한다.

_구래공

부나 재물을 지혜롭게 쓸 줄 아는 사람을 찾기란 쉽지 않다. 그리고 시간을 슬기롭게 쓸 줄 아는 사람을 찾기란 그보다 더 어렵다.

나는 네가 이 두 가지를 지혜롭게 사용할 줄 아는 사람이 되기를 바란다. 너도 이제 차츰 그런 것에 대해 생각하며 살아가야 할 나이가 되었다.

젊었을 때는 시간이 충분하다고 생각하기 쉽다. 그러나 그것은 막대한 재산을 탕진해버리는 일처럼, 깨닫고 난 후에는 이미 늦어 어찌할 수 없는 상태인 경우가 많다. 지금은 고인이 되어 세상을 떠나고 없지만, 윌리엄 3세, 앤 여왕, 조지 1세 시대에 그 이름을 떨쳤던 라운즈 재무장관은 생전에 곧잘 이렇게 말했었다.

"1펜스를 우습게 여겨서는 안 된다. 1펜스를 비웃는 자는 1펜스 때문에 운다."

이 말은 진실이다. 그는 스스로 이것을 실천하여 두 손자에게 막대한 재산을 남겨주었다. 이것은 시간에도 그대로 적용되는 것이 아닐까? 1분을 비웃는 자는 1분에 우는 법이다. 그러므로 10분이든 20분이든 매 순간 순간을 헛되이 보내지 않도록 해라. 소홀히 하는 1분이 쌓이다 보면 하루에도 많은 시간을 낭비하게 된다. 그 것이 1년간 쌓이면 그것은 이미 상당한 시간이 된다.

'빈 시간'을 '공백의 시간'으로만 남기지 마라

12시에 누군가와 만나기로 약속했다고 하자. 너는 11시에 집을 나와서 먼저 다른 두세 사람의 집을 더 찾아가야겠다고 계획을 세 웠다. 그런데 그들 중 누군가가 집에 없다. 이때 너라면 어떻게 하 겠니? 흔히 생각하는 것처럼 커피숍에라도 들어가서 시간을 보내 겠니? 나 같으면 그렇게 하지 않는다. 나는 먼저 집으로 돌아가서 편지를 쓴다. 그러면 약속 장소에 갈 때 그 편지를 우체통에 넣을 수 있겠지. 편지를 다 쓰고도 아직 시간 여유가 있다면 책이라도 읽는다. 시간이 짧아서 데카르트나 말르브랑슈(프랑스의 철학자)나 로크나 뉴턴의 저서와 같이 이해하기 어려운 책은 적합하지 않을 것이다. 오히려 호라티우스(로마의 시인)나 브왈로(프랑스의 시인이 며 비평가)의 저서같이 짤막하고 지적이며 재미있는 것이 좋다. 이 렇게 시간을 효율적으로 사용하면 많은 것이 절약된다. 적어도 따 분하게 시간을 보내는 일은 없을 테지.

세상에는 시간을 허비하는 사람이 많다. 소파에 기대앉아 하품을 하면서, "무엇인가를 시작하기에는 시간이 좀 모자라네!"라고 말한다. 그러나 이런 사람은 실제로 시간이 충분해도 무엇인가 일을 시작하지 않는다. 결국 아무것도 하지 않고 시간을 흘려버린다. 아마 이런 사람은 공부에 있어서나 일에 있어서나 대성하지 못할 것이다.

아직 네 나이에 한가로이 시간을 보내는 것을 허용해서는 안 된다. 말하자면 이제 겨우 사회에 첫발을 내민 젊은이로서는 매사에 열심히 하고 근면하며 끈기 있게 보내도록 노력해야 할 일이다. 앞으로 몇 년의 세월이 너의 일생에 얼마나 큰 의미가 있을 것인가 생각해 보았으면 한다. 그러면 단 한 순간도 소홀히 할 수는 없을 것이다.

그렇다고 온종일 책상에만 붙어 있으라는 건 아니다. 그렇게 하라고 권하고 싶은 생각도 없고, 그렇게 해주기를 원해 본 적도 없다. 다만 무엇이든 좋으니 무엇인가를 하고 있다는 사실이 중요하다. 20분, 30분을 가볍게 여기고 아무것도 하지 않다 보면 결국 상당한 손실이 되고 만다.

하루 중에도 공부하는 시간과 노는 시간의 사이처럼 짧은 빈 시간이 몇 번은 있을 것이다. 그럴 때 멍하니 하품이나 하고 있기보다는 무슨 책이든 좋으니 가까이에 있는 것을 읽어 보면 좋다. 콩

트집 같은 가벼운 내용이라도 읽지 않는 것보다는 훨씬 낫다.

사소한 시간이라도 활용을 극대화하는 습관을 가져라

내가 아는 사람 중에 사소한 시간이라도 헛되지 않게 사용하는 이가 있다. 이 사람은 짬짬이 화장실에 있는 시간을 이용하여 고대 로마 시인의 작품을 독파해 버렸다. 예를 들어 호라티우스를 읽고 싶다고 하자. 이 사람은 호라티우스의 시집을 문고판으로 사 온다. 그리고는 화장실에 갈 때마다 두 페이지씩 찢어서 화장실 안에서 읽는다. 다 읽은 종이는 그냥 그대로 크로아카 여신에게 예물로 바친다. 내버리고 나오는 거지. 이것을 되풀이하는 거야.

이것은 분명 상당한 시간 절약이라고 생각하지 않니? 너도 한번 시험해 보면 어떨까? 달리 하는 일도 없이 가만히 있는 것보다는 훨씬 좋을지도 모르지. 게다가 이렇게 하면 읽어야 할 책의 내용이 언제나 머릿속에 남아 있어서 아주 효과적일 거야. 물론 이런 상황에도 어떤 책이든 좋은 것만은 아니다. 계속해서 읽지 않으면 이해하기 어려운 과학 서적처럼 내용이 어려운 책은 적당하지 않을 수도 있겠지. 그러나 몇 페이지만 읽어도 충분히 의미가 통하고 유익한 책도 많이 있다.

짧은 시간이라도 이처럼 효과적으로 사용하면, 나중에 상당한 일을 성취했다는 것을 깨닫게 된다. 그런데 짧은 시간이라고 해서 그냥 아무것도 하지 않고 허비해버린다면 그 시간만큼은 말 그대로 허송세월이 되어버리는 것이다. 그러니 아무리 짧은 시간이라도 순간순간을 의미 있게 사용해주었으면 좋겠다.

이것은 비단 공부에만 적용한 건 아니다. 앞으로 말했듯이 놀이도 때에 따라서는 필요하고 중요하다. 인간은 놀이를 통해서 성장한다. 또한 꾸밈없는 인간의 참모습을 가르쳐 주는 것도 놀이다. 그러므로 놀 때에도 빈둥거려서는 안 된다. 놀 때는 노는 데 온 정신을 집중시켜 주기 바란다.

일을 할 때도 우선순위를 정해라

사업이나 사무에는 요술 같은 능력이나 특별한 재능이 필요하지 않다. 일의 순서를 알고 근면함과 분별력만 있다면, 재능만 있고 질서가 없는 사람보다 훨씬 더 일을 잘 처리할 수 있다.

너도 사회인으로서 한 걸음을 내디딘 지금, 모든 일에 계획을 세워 추진하는 습관을 길러야 한다. 순서를 정하고 그것에 따라 일을 추진하는 것이야말로 일을 능률적으로 완성하는 비결이다. 모든 일에 순서를 정해야 한다. 그렇게 하면 시간이 얼마나 효과적으로 절약되는지, 얼마만큼 일이 빠르게 진척되는지를 경험하게 될 것이다.

말러(영국의 군인) 공작을 한 번쯤 상기해 보아라. 그분은 단 1초도 허비하지 않고 똑같은 시간에 다른 사람의 몇 배나 되는 일을 처리했다. 뉴캐슬(영국의 장군, 왕당파의 사령관으로 전쟁에서 패하자 유럽으로 망명) 공작의 당황하는 모습, 허둥대는 모습은 일 때문만은 아니다. 바로 일에 질서, 순서가 없었기 때문이다. 로버트 월폴(영국의 정치가) 전 총리는 남보다 열 배나 되는 일을 하면서도 결코 당황하는 모습을 보인 일이 없다. 일하는 순서가 미리 정해져 있었기 때문이다. 아무리 능력 있는 인물이라도 순서 없이 일하면 효과적인 결과를 기대할 수 없다.

사업이나 사무에는
요술 같은 능력이나
특별한 재능이 필요하지 않다.
일의 순서를 알고 근면함과 분별력만 있다면,
재능만 있고 질서가 없는 사람보다
훨씬 더 일을 잘 처리할 수 있다.

아들아
시간을 나비
인생이 하기에는
너무 짧다

자기 자신을 지혜롭게 발전시켜라

무당은 오직 가무에만 빠져 있기 때문에
무풍(巫風)이라 한다.
무풍(巫風), 음풍(淫風), 난풍(難風)을 합해서
삼풍(三風)이라 한다.
이 삼풍은 자신을 망하게 하고
나라와 가정을 망하게 하는 근본이다.

_서경

놀이와 게임은 대부분 젊은이가 한 번은 걸리게 되는 암초 같은 것이 아닐까? 바람에 돛을 맡긴 채 즐거움을 찾아 출범한 것까지는 좋았지만, 정신을 차려보니 방향을 확인할 나침반도 없거니와 키를 잡는 데 필요한 지식도 없다. 이래서는 목적지에 당도할 수가 없다. 불명예스럽게 비틀거리며 항구로 되돌아오는 것이 고작이다.

이렇게 말하니 오해할 것 같다만, 나는 즐거움을 꺼려하는 금욕주의자도 아니고 목사처럼 쾌락에 빠져서는 안 된다고 설교하고 싶지도 않다. 난 오히려 쾌락주의자에 가까워, 네게 여러 가지 놀이를 알려주면서 마음껏 즐기기를 권하고 싶다. 정말이다. 마음껏 놀기 바란다. 나는 다만 네가 잘못된 항로로 나아가지 않도록 안내해 줄 뿐이다.

너는 어떤 일에서 즐거움을 발견하고 있을까? 혹시 마음 맞는 친구와 적당한 돈을 걸고 카드놀이를 할까? 유쾌하고 품위 있는 사람들과 식사를 할까? 함께 있으면 배울 것이 많은 사람과 교제하려 노력할까?

나를 친구라고 생각하고 무엇이든 거리낌 없이 말해 주기 바란다. 나는 너의 즐거움을 일일이 간섭하는 일 따위는 하지 않는다. 오히려 인생의 길잡이로서 놀이의 교량 역할을 해주고 싶다.

무절제한 즐거움에는 빠지기 쉬운 함정이 있다

젊은 사람들은 자칫하면 자신의 기호와는 상관없이 겉으로 보이는 즐거움을 선택하기 쉽다. 극단적인 경우는 무절제가 바로 놀이의 참 의미라고 착각하는 사람조차 있다.

너도 그렇지 않을까? 예를 든다면 술은 확실히 마음과 몸에 나쁜 영향을 미친다는 것을 알고 있기는 하지만 그러면서도 훌륭한 소일거리라 생각하고 있지는 않니? 도박도 때로는 무일푼이 되기도 하고 싸움을 하는 때도 있지만 재미있는 놀이의 한 가지라고 생각하고 있지는 않니? 여자의 꽁무니를 따라다니는 일도 최악에는 매독에 걸려 코가 이지러지거나 건강을 해치는 것이지. 자칫 신세를 망칠 수도 있는 일이라고 생각하지는 않니?

너도 알고 있겠지만 내가 지금 앞에서 말한 것들은 모두가 가치 없는 놀이뿐이다. 그런데 아무런 가치 없는 놀이가 많은 젊은이의 마음을 사로잡고 있다. 그들은 스스로 잘 생각해 보지도 않고 남들이 오락이라고 부르는 것을 그냥 받아들여 버리는 것이다.

네 나이에는 놀이에 몰두하는 것이 지극히 당연하고, 또 놀고 있는 모습이 가장 어울리는 것도 분명하다. 그렇지만 젊기 때문에 대상을 잘못 선택하거나 잘못된 방향으로 빠져들 위험도 크다. 놀기 좋아하는 한량처럼 보이는 것이 젊은이들에게 인기 있지만, 그들은 과연 자기의 종착역을 알고서도 악에 물들기를 바라고 무절제를 되풀이하고 있는 것일까?

옛날이야기지만 확실히 예가 있다.

어떤 젊은이가 몰리에르(프랑스의 극작가) 원작의 번역극 〈타락한 방탕자(Le Festin de Pierre)〉를 보러 갔다. 주인공의 방탕 행각에 감탄한 이 사나이는 자기도 '타락한 방탕자'가 되기로 했다. 친구들 몇 사람이 '타락한'은 그만두고 '방탕자'로만 만족하는 것이 좋지 않겠느냐고 설득했지만, 그는 의기양양하게 이렇게 말했다고 한다.

"안 돼. '방탕자'만으로는 안 된단 말이야. '타락한'이 붙지 않으면 완전한 방탕자가 될 수 없단 말이야."

어처구니없는 일이지만 이것이 사실은 많은 젊은이의 현실이다. 겉치레에만 사로잡혀서 자신을 뒤돌아볼 여유도 없이 닥치는 대로 뛰어들다 보면 결국 정말로 '타락해' 버리고 마는 것이다.

놀이에도 자기 나름의 목적을 가져라

그다지 이야기하고 싶지 않은 일이지만, 혹 네가 참고가 될지도 모르기 때문에 부끄러움을 무릅쓰고 내 체험담을 들려주고자 한다.

그래, 젊은 시절에 나도 예외는 아니어서 자기의 기호와는 관계 없이 '놀기 좋아하는 한량'으로 보이는 것에서 가치를 찾아 헤맸던 어리석은 사람 중의 하나였다. 어리석었던 나는 '놀기 좋아하는 한량'처럼 보이기 위하여 좋아하지도 않는 술을 진탕 마셨고, 숙취에서 깨어나지 못해 괴로워하면서도 또 마시는 악순환을 지루하게 되풀이했다.

도박도 마찬가지였다. 돈에는 별로 옹색하지 않았기 때문에 돈이 필요해서 내기를 한 일은 한 번도 없었다. 그러나 음주와 마찬가지로 도박을 신사의 필수 조건쯤으로 생각했었다. 그래서 마구 뛰어들었던 것인데, 별로 마음에 내키지는 않았다. 하지만 달갑지 않게 생각하면서도 인생에서 가장 충실해야 할 30년간을 도박에 끌려 다니면서 지냈다. 그 때문에 인생의 진정한 즐거움을 경험하지 못했지.

비록 철없던 시절의 실수였다 하더라도, 동경하는 인간상에 접근하기 위해서 겉치장에만 빠져든 셈이니 참으로 어리석은 일이라 지금 생각해도 새삼 부끄러워진다. 그러나 아무튼 나는 이러한 어리석은 행동들을 일체 중단해버렸다. 떳떳하지 못함을 느꼈기 때문이다. 그리고 무서운 생각이 들었던 것이다.

일종의 유행병에 걸려 겉치레 놀이에 뛰어든 나는 그 대가로 참된 즐거움을 빼앗겼다. 재산이 줄었으며 건강도 해쳤다. 그렇지만 나는 이 모두가 하늘이 내린 벌이라고 생각하며 겸허히 뉘우치고 있다.

내 어리석은 체험담에서 너는 무엇을 배웠느냐? 나는 네가 너의 즐거움을 스스로 선택할 수 있기를 진심으로 바라고 있다. 놀이에 무작정 휘말려서는 안 된다. 다른 사람들이 그렇게 한다고 해서 너도 그렇게 할 필요는 없다. 나는 나라고 생각할 일이다. 먼저 지금 네가 즐기고 있는 놀이가 어떤 것인지 모두 생각해 보아라. 그 놀이를 그대로 계속하면 어떻게 될까, 하나하나 생각해 보기 바란다. 그런 후 그 놀이를 계속할 것인지 중지할 것인지는 너의 현명한 판단에 맡기겠다.

사물의 올바른 판단을 위해 분별력을 길러라

내가 만일 지금 네 나이에서 다시 한번 인생을 살 수 있다면 어떤 일을 할까? 우선 무엇보다도 즐거워 보이는 일을 하는 게 아니라 정말로 즐거운 일만을 하겠다. 그중에는 친구와 식사를 하거나 술을 마시는 일도 포함된다. 그렇지만 과식하거나 과음을 해서 괴로워하지 않도록 절제하겠다.

20세라면 다른 사람의 시선을 의식하면서까지 살아갈 필요는 없다. 일부러 자기 방식을 강요하거나 상대를 비난해서 미움을 살 필요도 없다. 남은 남이며 자기 좋을 대로 하라고 내버려 두면 된다. 그렇지만 자기의 건강에 관해서만은 철저해지기를 바란다. 도박도 할 수 있다. 고통을 받으면서 남들 틈에 끼기 위해서가 아니라 자신이 좋아하는 것이라면 즐기기 위해서 할 수 있다. 그리고 만일 도박을 한다면 아주 적은 돈을 걸고 여러 부류의 친구들과 즐기는 것이 좋다. 다만 내기에 거는 돈만큼은 신중히 하자. 이기든 지든 간에 생활에 지장이 없는 범위 안에서 하자. 물론 노름으로 이성을 잃고 싸움질을 하는 따위는 금물이다.

독서에도 시간을 할애하자. 분별 있는 교양인과의 대화에도 시간을 남겨두자. 가능하면 나보다 뛰어난 사람이 좋다.

사교계 사람들과도 충분히 교류하자. 대화의 내용이 그다지 깊거나 충실하지 못하더라도 함께 있으면 순수한 기분이 될 수 있고 기운도 난다. 게다가 사람에 대한 태도 등을 보고 배울 점도 많다. 네 나이에서부터 다시 한번 인생을 고쳐 살 수 있다면, 나는 지금 앞에 쓴 것과 같이 즐기고 싶다. 어느 것이나 다 분별 있는 것들이라고 생각하지 않니? 게다가 이러한 것들이야말로 진정한 놀이라고 말할 수 있는 것 아닐까? 진정한 즐거움을 알고 있는 사람은 유흥에 쉽사리 자신을 망치지 않는다. 놀이의 가치를 모르는 사람만이 유흥을 진정한 즐거움이라고 생각하고 있는 것이다.

양식 있는 사람 중에 술에 몹시 취하여 걸음걸이도 제대로 가누지 못하는 사람과 친구가 되고 싶어 하는 사람이 있을까? 감당하지도 못할 큰돈을 내기에 걸고서 잃은 다음, 머리털을 쥐어뜯으면서 상대에게 입에 담을 수 없는 욕설을 퍼붓는 사람과 상대하고 싶어 하는 사람이 있을까? 방탕 생활 끝에 성병에 걸려 몸과 마음이 만신창이가 되어버린 사람과 친하게 지내고 싶어 하는 사람이 있을까?

물론 그런 사람이 있을 리가 없다. 방탕한 생활에 제정신을 잃고, 게다가 그것을 부끄러워할 줄도 모르는 사람들을 양식 있는 사람들이 기분 좋게 받아들일 리 없다.

진정한 놀이를 알고 있는 사람은 품위를 잃지 않는다. 적어도 방탕을 본보기 삼거나 나쁜 짓을 따라 하지는 않을 것이다.

아들아, 너는 진정한 놀이에 대해 깊이 생각해 보고 또한 네가 좋아하는 놀이는 무엇인지 올바로 파악해서 헛되게 인생을 허비하는 일이 없도록 해라.

일의 기쁨을 아는
사람만이 진정한
자기발전이 가능하다

적막함을 즐기는 사람은
흰 구름과 그윽한 돌을 보고 깊은 진리를 깨닫는다.
영화를 좇는 사람은
맑은 노래와 신비한 춤을 보고 싫증을 내지 않는다.
오직 스스로 깨달은 선비는 시끄러움과 고요함
번영과 쇠퇴에 상관없이
가는 곳마다 마음에 안 맞는 세상이 없다.

_채근담

아들아, 전에도 말했듯이 노는 것은 대단히 좋은 일이다. 자기의 놀이를 찾아내어 마음껏 즐겨라. 그렇지만 남의 흉내를 내서는 안 된다. 자기의 가슴에 손을 얹고 물어 볼 일이다. 무엇이 진실로 즐거운가를 물어보고, 즐겁다고 생각되는 것을 하면 좋다.

아무 일에나 곧잘 손을 대는 사람이 있는데, 그런 사람은 진정한 일의 기쁨을 누릴 수 없다. 진지하게 일에 몰두하여 일의 성취를 아는 자만이 놀이에서도 진정한 기쁨을 느낄 수 있다. 그런 의미에서 볼 때 알키비아데스(고대 아테네의 장군, 정치가)는 충분히 합격점에 이르렀다고 생각한다. 그는 온갖 방탕한 짓을 했지만, 철학이나 일에도 어김없이 충분한 시간을 할애하였다.

시저는 일과 놀이에 고른 관심을 둠으로써 상승효과까지 가져온 사람이다. 로마에 사는 수많은 여성과 불의의 간통 상대자였다고 소문이 자자한 시저였지만, 학자로서도 훌륭한 지위를 쌓았고 웅변가로서도 일류 중의 일류였으며, 지도자로서도 로마 제일이라고 평가받지 않았니?

그렇기 때문에 오직 놀기만 하는 인생은 옳지도 않을 뿐만 아니라 아무런 재미도 없다. 평소 진지하게 일에 전념하는 사람만이 마음으로나 몸으로나 놀이를 철저하게 즐길 수 있다. 뚱뚱하게 살이 찐 대식가나, 창백한 얼굴을 한 주정뱅이나, 혈색이 나쁜 호색가는 자기가 하고 있는 일을 진심으로 즐기고 있지 못하는 것이다. 이런 사람은 거짓 신에게 자기의 정신과 육체를 바치고 있는 것이나 다름없다.

정신 수준이 낮은 사람들은 쾌락만을 좇고, 품위 없는 놀이에 몸을 망치는 일이 잦다. 한편 정신 수준이 높은 사람들(도덕적이라고는 말하지 않겠다.)에게 둘러싸인 사람들은 더욱 자연스럽고 세련된, 그리고 적어도 품위를 잃지 않는 놀이에 흥미로워할 것이다. 양식 있는 사람은 놀이가 목적이 되어서는 안 된다는 것을 알고 있고, 또 놀이를 목적으로 삼지 않는 법이다.

그들은 알고 있다. 놀이라는 것은 단지 한숨 돌려 편안히 쉬는 휴식이며, 위로이며, 보상에 불과하다는 것을.

아침에는 책에서 배우고 저녁에는 사람에게서 배워라

일과 놀이에 대해서는 명확하게 시간을 구분해두는 것이 좋다. 공부나 일, 지식인이나 명사와 함께 앉아 침착하게 나누게 될 대화 등은 아침나절이 좋을 것이다. 하지만 일단 저녁 식사의 식탁에 앉았다면 그 후는 휴식 시간이다. 특별히 긴급한 일이 없는 한 네가 좋아하는 것을 하며 즐겨도 좋다. 마음이 맞는 동료와 카드놀이를 하는 것도 좋다. 예절 있는 사람들과 화목하고 즐거운 게임을 할 수도 있을 것이다.

연극도 좋다. 음악회도 좋다. 춤도, 식사도, 즐거운 동료와의 담소도 좋다. 틀림없이 만족할 수 있는 저녁을 보낼 수 있을 것이다. 물론 매력적인 여성을 보고 크게 한숨을 쉬고 뜨거운 시선을 보내는 것도 좋다. 다만, 서로가 품위를 떨어뜨리지 않을 상대이기를 바랄 뿐이다.

지금. 말한 것들이 정말로 분별 있는 사람, 정말로 놀이를 알고 있는 사람이 즐기는 방법이다. 이처럼 일과 휴식의 시간을 명확하게 구분하여, 놀이도 자기만의 것을 스스로 선택하게 되면 너도 훌륭한 사회인으로 인정받을 것이다.

오전 내내 집중해서 꾸준히 공부를 반복하면 일 년 후에는 상당한 지식을 얻게 될 것이다. 한편, 저녁에 갖는 친구와의 교제도 너에게 세상에 관한 또 하나의 지식을 가져다 줄 것이다. 아침에는 책에서 배우고 저녁에는 사람에게서 배운다. 이것을 실천하자면 이제 한가하게 있을 시간은 없다.

나도 젊었을 때는 참으로 잘 놀았고, 여러 부류의 사람들과도 잘 사귀었다. 나만큼 그러한 일에 시간과 노력을 쏟은 사람도 드물 것이다. 때로는 지나친 적도 있었다. 그렇지만 수면시간을 줄여서라도 어떻게든 공부하는 시간만은 확보하였다. 전날 밤 아무리 늦게 잠자리에 들더라도 다음 날 아침에는 반드시 일찍 일어났다. 이것은 고집스럽게 지켜나갔다. 몸이 아팠을 때를 제외하고는 40년이

흐른 지금까지도 이 습관은 계속되고 있다.

지금까지 인생을 돌아보면서 이것만큼은 정말 잘한 일이라고 생각한다. 너도 아침에 일찍 일어나 생산적인 일에 아침 시간을 사용하는 습관을 지니면 좋겠구나. 이제 너도 내가 놀이 따위는 절대로 안 된다고 말하는 완고한 아버지가 아니라는 것을 알게 되었으리라 믿는다. 나는 너에게 나와 똑같은 생각을 하라고 말하지는 않겠다. 그런 의미에서 보자면 아버지라기보다는 친구로서 하는 충고란다.

돈의 사용을 통해 배우는 인생의 지혜

아버지의 걱정 없는 마음은 자식의 효도 때문이다.
남편의 번뇌 없는 마음은 아내가 어질기 때문이다.
말이 많아서 실수하는 것은 모두 술 때문이다.
의가 끊어지고 친했던 사이가 멀어지는 것은
오직 돈 때문이다.

_ 명심보감

아들아, 너도 이제 어른 축에 끼게 되었다. 마침 좋은 기회이니 앞으로 너에게 어떻게 돈을 보낼 계획인가를 설명해주겠다. 그러면 너도 따라서 계획을 세우기가 쉬워질 것이다.

나는 공부에 필요한 비용, 사람과의 교제에 필요한 돈은 단 한 푼도 아까워하지 않는다. 공부에 필요한 비용이란, 필요한 책을 사는 돈과 우수한 선생에게 배우는 돈을 말한다. 이 속에는 여행지에서 훌륭한 사람들과 교제하기 위한 비용—숙박비, 교통비, 의류비, 고용인 비용 등—도 포함될 것이다.

사람과의 교제에 필요한 돈이라 함은, 물론 '지적인' 교제에 필요하다는 의미이다. 이를테면 불쌍한 사람들을 위한 자선 비용(이런 명목으로 사기당해서는 안 된다.)이 그러할 것이다. 신세를 진 분들에 대한 사례나 앞으로 신세를 지게 될 분에 대한 선물에 드는 비용도 그렇다. 교제하는 상대에 따라서 필요하게 되는 비용—무엇인가를 관람하러 가는 비용이나 놀이의 비용, 사격 따위의 게임에 드는 비용, 기타 돌발적인 비용—그러한 것도 필요할 것이다.

그러나 내가 절대로 돈을 쓰지 않을 때가 있다. 그것은 시시한 싸움 때문에 필요하게 된 돈과 게으르게 시간을 보내기 위한 돈이다.

현명한 사람은 자기의 명예를 손상하는 돈이나 자기에게 도움이 되지 않는 돈은 쓰지 않는다. 그런 돈을 쓰는 자는 어리석다. 현명한 자는 돈도 시간과 마찬가지로 헛되게 쓰지 않는다. 단 백 원의 돈도, 단 일 분의 시간도 헛되게 쓰지 않는다. 자기나 사람들을 위해서 유익한 것, 지적인 기쁨을 얻을 수 있는 것에 쓴다.

그러나 어리석은 자는 다르다. 어리석은 자는 필요치 않는 것에 돈을 쓰고 정작 필요한 것에는 돈을 쓰지 않는다. 이를테면, 가게 앞에 진열된 잡동사니가 그렇다. 코담배통, 시계, 지팡이의 손잡이 같은 시시한 물건들의 마력에 사로잡히게 되면 어리석은 자는 파멸의 길을 걷는다. 그것은 가게 주인도 점원도 잘 알고 있어서 공모하여 어리석은 자를 속이려고 달려든다. 정신을 차렸을 때는 이미 신변은 온통 잡동사니들로만 가득 차 있어서 정말로 필요한 것, 안온한 휴식을 주는 것은 아무것도 없는 상태가 되어 있다.

일찍부터 현명한 금전 철학을 몸에 익혀 두어라

돈이라는 것은 금전철학과 같은 것을 가지고 세심한 주의를 기울여서 사용하지 않으면, 아무리 많이 있어도 최소한의 생필품조차도 살 수 없게 되어버리는 법이다. 그와는 반대로 아주 적은 돈밖에 없어도, 자기 나름대로 금전 철학을 가지고 주의해서 사용하면 돈의 효율을 극대화할 수 있다.

돈의 지불방법은 될 수 있는 대로 현금으로 지불하는 것이 좋다. 그것은 고용인을 통해서가 아니라 자기가 직접 지불하는 것이 좋다. 고용인은 수수료나 사례금 같은 것을 요구하기 쉬우니까 말이다. 아무래도 외상으로 달아 두었다가 지불해야 할 경우는(술집이나 양복점 등), 매월 반드시 자기 손으로 지불하는 것이 좋다.

물건을 살 때는, 필요하지도 않은데 값이 싸다는 이유만으로 사는 일이 없도록 해라. 그런 짓은 절약이 아니다. 오히려 돈을 낭비하는 것이다. 이와는 반대로 필요하지도 않은데 값비싼 것이라는 이유만으로 ─ 즉, 자존심을 만족하게 하려고 ─ 물건을 사는 것도 좋지 않다.

자기가 산 것과 지불한 대금은 노트에 기록하는 것이 좋다. 돈의 출납을 파악하고 있으면 파탄하는 일은 없다. 그렇다고 해서, 교통비라든가 오페라를 보러 가서 사용한 돈까지 기록할 필요는 없다. 시간의 낭비일 뿐만 아니라 잉크값이 아깝다. 그런 세밀한 것은 따분한 수전노에게나 맡겨두면 좋다.

이렇게 기록하는 것은 가계에 관한 것뿐 아니라 모든 일에 있어서 필요하다. 그러나 관심을 둘 가치가 있는 것에만 관심을 두는 것이 중요하다. 쓸데없는 것에까지 관심을 두고 세세히 기록할 필요는 없다.

아주 적은 돈밖에 없어도,
자기 나름대로 금전 철학을 가지고
주의해서 사용하면 돈의 효율을
극대화할 수 있다

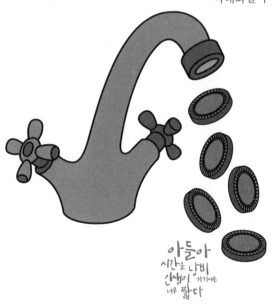

아들아
시간을 나비
인생이 하기에도
너무 짧다

성공을 위한 삶의 태도

역사에
관심이 있어야
미래를 볼 수 있다

역사는 단순히 과거의 사실만이 아니다.
역사가 가장 강력한 힘을 지니는 이유는
바로 우리 안에 역사가 있고
우리가 알지 못하는 방식으로 우리를 지배하기 때문이다.
따라서 우리가 하는 모든 일 안에 역사가 현존하는 것이다.

_제임스 볼드윈

프랑스 역사에 관한 너의 고찰은 실로 정곡을 찌른 것으로 생각한다. 무엇보다도 기뻤던 것은 네가 책을 읽을 때 내용을 파악하는 데서 그치지 않고 그 내용에 관해 깊이 생각하고 있다는 것을 알았기 때문이다.

책을 읽어도 자기 스스로 판단하지 않고, 쓰여 있는 것을 그저 줄줄이 머릿속에 집어넣기만 하는 사람이 많다. 그렇게 하면 정보만 닥치는 대로 쌓일 뿐, 머릿속은 잡동사니 창고처럼 잡다하게 되고 말아, 필요한 지식을 필요할 때 바로 꺼낼 수가 없다.

너는 지금 하고 있는 식으로 계속해 주기 바란다. 지은이의 이름만 보고 책 내용을 그냥 받아들이지 말고 내용이 얼마나 정확한지, 옳은지를 냉철하게 생각하기 바란다.

하나의 역사적 사실에 관해서는 몇 권의 책을 조사하여 거기에서 얻어낸 정보를 종합적으로 분석해서 자기 의견을 갖도록 하는 것이 좋다. 거기까지가 역사라는 학문의 손이 미치는 범위라고 나는 생각한다. 유감이지만 '역사적 진실'을 명확하게 밝혀내는 일도 쉬운 일만은 아니다.

역사책을 읽다 보면 역사적 사건의 동기의 원인에 대해 기록하고 있는 경우가 있는데, 그대로 믿어서는 안 된다. 관련 인물의 사고방식이나 이해관계를 따진 다음, 저자의 고찰과 사건의 다른 가능성 등에 대해 자기 스스로 생각해 보는 일이 중요하다. 그때, 비굴한 동기나 사소한 동기를 무시해서는 안 된다. 인간이란 복잡한 모순투성이기 때문이다.

감정은 격렬하게 변하기 쉽고, 의지는 나약하며, 마음은 몸의 건강 상태에 따라서 좌우된다. 예컨대, 사람은 한결같지 않고 상황에 따라 수시로 변하는 것이다. 훌륭한 사람이라도 허술한 면이 있고, 쓸모없는 사람이라도 훌륭한 데가 있다. 아무짝에도 쓸모없는 인간처럼 보이는 사람도 어딘가에 장점이 있어, 생각지 않게 훌륭한 일을 할 때도 있는 것이다. 그것이 인간이다.

그런데 역사적 사건의 원인을 규명할 때 우리는 더욱더 고상한 동기를 찾으려고 하는 경향이 있다. 그러나 알려진 것과 달리 진정한 원인은 다른 데에 있는 경우가 적지 않다. 그런데 역사의 대가라는 학자들은 역사적 대사건뿐만 아니라 평범한 사건에까지 깊은 정치적 동기를 적용해 버린다. 이것은 우스운 일이다. 인간은 모순투성이이다. 항상 장점에 의해서만 행동이 좌우되는 것은 아니다. 현명한 인간이 어리석은 일을 하기도 하고 어리석은 인간이 현명한 일을 하기도 한다. 모순된 감정이 공존하여 계속 변하는 것이 인간이다. 그날의 몸 상태와 마음상태에 따라 변하기도 한다. 그런데도 가능성이 큰 동기라거나 매듭짓기가 좋은 동기라는 이유로 고상한 동기를 부여하는 것은 잘못이다.

소화가 잘되는 식사를 하고, 잘 자고, 쾌청한 아침을 맞이하였다는 이유만으로 영웅적인 활동을 하는 사나이가, 소화가 안 되는 식사를 하고, 잘 자지 못하고, 게다가 아침에 비가 왔다는 이유만으로 아주 쉽게 겁쟁이로 변해 버리는 일도 있다. 그러므로 인간 행위의 진정한 이유는 아무리 규명하려고 해도 억측의 영역을 벗어나기 어렵다. 기껏해야 이런저런 사건이 있었다는 사실만 우리가 알 수 있다.

시저는 23인의 음모로 살해되었다. 이것은 의심할 여지가 없다. 그런데 이 23인의 음모자들이 과연 진정으로 자유를 사랑하고 로마를 사랑했기 때문에 시저를 죽였을까? 주요 원인이 그 한 가지뿐일까? 만일 진상이 밝혀진다면 사건의 주모자인 브루투스(로마의 정치가이며 군인)조차도, 이를테면 자존심이나 시기심, 원한, 실망 같은 다른 여러 가지 개인적인 이유가 복합적으로 작용하지는 않았을까?

역사는 올바른 판단력과 분석력을 길러준다

회의적이라는 의미에서는 역사적 사실 자체도 의심스럽다고 생각되는 경우가 곧잘 있다. 적어도 그 사실과 결부된 배경에 관해서는 거의 의심의 눈으로 보고 있다. 매일매일 자기가 경험하는 것을 생각해 보면 좋다. 역사라고 하는 것이 얼마나 신빙성이 희박한 것인가를 쉽게 알 수 있을것이다. 예를 들어 최근에 일어난 사건에 대해 몇 사람이 증언을 할 때, 그들이 하는 말은 모두 일치하는가? 그렇지 않을 것이다. 착각하는 사람도 있고, 증언의 뉘앙스가 달라지는 사람도 있다. 자기 의견에 맞게 증언하는 사람이 있는가 하면, 마음이 변하여 사실을 왜곡시켜 말하는 사람도 있다. 게다가 서기도 반드시 공정하게만 기록한다고 할 수 없다. 그런 점에서 미루어보자면, 역사학자라고 해서 반드시 공정하게만 기록하는지 의심스럽다. 학자에 따라서는 자신의 지론을 끝까지 전개하고 싶을지도 모르고, 빨리 그 장을 끝내고 싶을지도 모른다.(재미있는 사실은 프랑스 역사책의 각 장 첫 머리에 '이것은 진실이다.'라고 하는 한마디 말이 반드시 들어 있다는 점이다.) 그러므로 역사학자의 이름만을 따져 옳고 그름을 판단하기보다는 자기 스스로 분석하고, 스스로 판단할 일이다.

물론 역사를 공부할 필요가 없다고 말하는 것은 아니다. 누구나 인정하는 역사적 사실은 존재하며, 사람들의 입에 오르내리고 책에서도 다루어진 것들은 알아두는 것이 좋다. 그런데 예컨대 시저의 망령이 브루투스 앞에 나타났다고 기록하는 학자도 있다. 나는 전혀 믿지 않는다. 하지만 그런 말이 화제가 되기도 했다는 사실을 모르는 것은 부끄러운 일이다.

이 밖에도 역사학자가 기술했다는 이유 때문에 아무도 믿지 않는 일이 당연한 것처럼 화제가 되거나 책에 기록되는 일들이 있다. 그런 과정을 통해 정착한 것이 이교도 신학이다. 주피터나 마르스, 아폴로 등 고대 그리스 신들도 다르지 않다. 우리는 그들이 실존했더라도 보통의 인간이었으리라 생각한다.

역사에 대해 아무리 회의적이더라도 이처럼 상식적으로 여겨진 것들은 제대로 공부할 필요가 있다. 아니, 오히려 역사는 인간이 살아가는 데 있어 그 어떤 학문보다도 필요한 것인지 모른다.

과거의 눈으로 현재를 보면 안 된다

과거에도 그랬으니까 현재도 그렇다고 단정해서는 안 된다. 과거를 거울삼아 현재를 검토하는 것은 좋지만, 거기에는 무엇보다 신중함을 잃지 말아야 한다.

고작해야 추측에 머물 수 있을 뿐 아무리 애를 써도 지나간 과거의 진상을 정확하게 증명하기란 쉽지 않다. 우선 과거의 증언은 현재의 증언에 비해 훨씬 애매한 법이다. 더욱이 오래되면 될수록 신빙성도 희박해지게 마련이다.

학자 중에는 공과 사를 불문하고 단지 비슷하다는 이유만으로 대책 없이 과거의 사례들을 함부로 인용하는 때도 있다. 이것은 어리석은 일이다. 그들은 생각해 보지 않았겠지만, 천지창조 이후에 이 세상에 똑같은 사건이 일어난 예는 없었다. 더욱이 어떤 역사가라도 사건의 전모를 파악하고 정확하게 기록으로 남긴 경우는 없다. 그러므로 그것을 기초로 한 논쟁 따위는 별 의미도 없다.

그러므로 역사학자가 기록하였거나 옛 시인이 썼다는 이유만으로 과거의 사례들을 함부로 인용해서는 안 된다. 사물 하나하나가 서로 다르듯 사건도 마찬가지여서 개별적으로 논해야 한다. 비슷한 사례를 참고하게 되더라도, 어디까지나 참고로 삼는데 그쳐야지 그것을 판단의 근거로 삼아서는 안 된다.

다시 말하지만, 지나간 역사를 공부하는 것은 참으로 중요하다. 그런데 너는 어떤 방법으로 역사를 공부하고 있는지 궁금하다. 시간과 노력을 절약한다는 이유로 역사적 대사건 중심으로만 공부하고 나머지 것들은 대충 훑어본다는 식의 융통성을 내세우는 사람이 있는가 하면, 역사적 비중을 따지지 않고 어떤 내용이든지 똑같은 힘을 쏟는 사람도 있다.

하지만 나는 이와 다른 방법을 권하고 싶다. 먼저, 나라별로 간단한 역사책을 통해 대략적인 개요를 파악한다. 아울러 특히 중요한 요점, 예컨대 어디를 정복했다든가, 왕이 바뀌었다든가, 정치 형태가 바뀌었다는 등 중요하다고 생각되는 것들을 뽑아낸다. 그리고 그 뽑아낸 사항들에 관해서 깊이 있게 기록된 논문이나 책들을 읽으며 공부한다. 그때는 스스로 깊이 파악하는 통찰력이 중요하다. 원인을 찾아서 그것이 어떤 문제와 사건을 일으키게 되었는지를 생각하는 것이 중요하다.

프랑스 역사에 관해서는 르장드르의 역사책이 있다. 짧긴 하지만 내용의 충실도에서는 아주 잘 정리된 책이다. 그것을 읽으면 프랑스 역사의 전체적인 흐름을 어느 정도 알게 될 것이다. 그리고 그 책에 기록된 역사적인 사건이나 의미들에 대해 더 깊이 있게 공부하기 위해서는 메제레이의 역사책이 도움이 될 것이다. 그 밖에도 하나하나의 시대와 사건에 관해 자세하게 기술하고 있는 책이나 정치적 관점에서 쓰인 논문 등 참고할 수 있는 것들은 얼마든지 있다.

근대사에 관해 말하자면, 필립 드 코미느의 회고록을 비롯하여 루이 14세 시대에 쓰인 역사책들이 많이 나와 있다. 그중에서 적절하게 골라 읽으면 각각의 시대와 사건들을 입체적으로 파악할 수 있을 것이다.

여러 사람과 교류하고 어울리면서 역사를 화제 삼아 대화하는 것도 한 가지 방법이다. 비록 역사를 잘 모르거나 관심이 없는 사람일지라도 자기 나라 역사를 모른다고는 말하지 않을 것이다. 또한 책으로 접할 수 없었던 내용조차 사람들과의 대화를 통해 얻어지게 되는 경우도 종종 있다.

역사는 인간이 살아가는 데 있어 그 어떤 학문보다도 필요한 것인지 모른다.
과거에도 그랬으니까 현재도 그렇다고 단정해서는 안 된다.
과거를 거울삼아 현재를 검토하는 것은 좋지만,
거기에는 무엇보다 신중함을 잃지 말아야 한다.

아들아
시간을 낭비
인생이 하기에는
너무 짧다

책 읽는
습관에서 비롯되는
인생의 지혜

책은 위대한 천재가 인류에게 남겨주는 유산이며
그것은 아직 태어나지 않은 자손들에게 주는 선물로
한 세대에서 다른 세대로 전달된다.

_에디슨

인생은 한 권의 책과도 같다. 지금 내가 너에게 권하고 싶은 것은 바로 인생이라는 책이다. 살아가면서 이 사회를 통해 얻어지는 지식은 지금까지 출판된 책 모두를 합친 지식보다 훨씬 큰 도움을 준다. 그러므로 훌륭한 사람들의 모임이 있을 때는 아무리 좋은 책이라도 덮어놓고 그 모임에 나가는 것이 좋다. 그것이 몇 배 더 큰 공부가 된다.

하지만 갖가지 일과 오락 등 떠들썩한 환경 속에서라도 잠시 숨을 돌릴 수 있는 여유가 조금은 있는 법이다. 그런 시간을 이용해 책을 읽는 일이야말로 더할 나위 없는 안식이요 기쁨이다. 그 잠깐의 시간을 살려서 충실하게 책을 읽으려면 어떻게 해야 할지 몇 가지 얘기를 하고 싶다.

우선, 내용이 따분하고 빈약한 책으로 시간을 흘려보내는 일은 삼가는 것이 좋다. 그런 책은 우리의 일상에서 별달리 쓸 것을 찾지 못한 저자가 역시 게으르고 무식한 독자를 겨냥해서 쓰는 경우가 많다. 이런 책은 별 도움이 되지 않을 게 뻔한 일이니 아예 손을 대지 않는 게 현명하다.

하루에 30분씩 독서에 투자해라

책을 읽을 때는 정신과 목적을 하나로 집중시켜라. 그리고 너의 장래를 생각한다면, 그 목적을 달성할 때까지는 다른 분야의 책을 가까이 하지 마라. 예를 들어 현대사 중에서도 특히 중요하고 흥미 있는 내용을 몇 개 골라 그것을 시대별로 익히는 것도 좋은 방법이 될 것이다.

먼저 베스트팔렌 조약에 초점을 맞추었다고 하자.(현대사의 시작으로는 올바른 선택이라고 말할 수 있겠다.) 이제 그것에 관한 책에만 집중하며 믿을 만한 역사서나 문서, 회고록, 문헌 등을 읽고 비교해 보면 좋을 것이다.

반드시 이런 방법에만 몇 시간이고 투자하라는 것은 아니다. 다른 방법으로도 시간을 효율적으로 사용할 수 있다면 그것도 좋다. 다만 독서를 함에 동시에 몇 가지 주제를 접하기보다는 체계를 잡아 단순화시켜 접근하는 것이 바람직하다.

여러 가지 책을 읽다 보면 상반되거나 모순되는 내용에 맞닥뜨릴 때도 있을 것이다. 그럴 때는 또 다른 책들을 통해 참고하면 좋다. 그러면 오히려 기억에 더 오래 남게 되는 효과를 얻을 수도 있다. 예를 들어 책을 읽어도 내용이 전혀 들어오지 않을 때가 있다. 그렇지만 같은 책이라도 화제가 되고 논쟁거리가 될 때 그와 관련된 책을 읽거나 다른 사람들로부터 이야기를 듣게 되면, 책만으로는 파악하지 못했던 일들이 입체적으로 정리되어 쉽게 머릿속에 들어오기도 한다. 그렇게 해서 얻은 지식은 훨씬 더 구체적인 틀을 갖추게 될 뿐만 아니라 여간해서는 잊히지도 않을 것이다. 답사나 탐방 형식처럼 사건 현장에 찾아가서 직접 이야기를 듣는 것도 그런 측면에서는 바람직한 일이 될 것이다. 사회인이 된 후에 책을 읽는 방법에 대해서는 다음 세 가지를 유념하기 바란다.

첫째, 사회에 첫발을 내디딘 지금 독서량에만 연연할 필요는 없다. 그보다는 여러 계층의 사람들과 교류를 나누면서 정보를 수집하는 것이 좋다.

둘째, 너에게 직접적인 도움이 되지 않는 책은 애써 읽지 않아도 좋다.

셋째, 한 가지 주제를 정해서 그와 관련된 책을 집중적으로 읽도록 해라. 이것을 염두에 두고 실천해간다면 하루 30분의 독서로도 충분하다.

체험을 통해 배운
지식이야말로
참된 지식이다

여행과 변화를 사랑하는 사람은
생명이 있는 사람이다.

_바그너

이 편지가 너에게 전달될 즈음엔 너는 아마 베니스에서 로마로 갈 준비를 하고 있겠지. 지난번 편지로 하트 씨에게 부탁한 것처럼 로마까지는 아드리아해를 따라 리미니, 로레토, 앙코나를 거쳐 가면 좋다. 어느 고장이나 들러볼 가치는 있다. 그러나 한 곳에 오래 머무를 정도는 아니다. 가서 둘러보는 것만으로도 충분할 거야.

그 지역에는 고대 로마의 유물이나 잘 알려진 건축물과 미술품 등이 많이 있으니 가벼이 지나치지 말고 눈여겨보고 오너라. 겉으로 보는 것만으로도 충분하니 많은 시간이 걸리지는 않을 것이다. 하지만 세심하게 보아야 할 것들은 다르다. 좀 더 많은 시간과 주의력이 필요하지.

요즘 젊은이들은 산만하고 무관심해서 '보아도 보지 않고 들어도 듣지 않는' 경우가 많다고들 한다. 수박 겉핥듯 건성으로만 그친다면 차라리 보지도 듣지도 않는 편이 낫겠지. 다행히도 네가 보내 준 여행기를 보니, 너는 여행지 곳곳을 잘 관찰하고 여러 가지 의문을 가지고 있는 듯하더구나. 그것이야말로 참된 여행의 태도다.

여행하면서도 교회의 첨탑이나 시계, 호화저택 등에만 정신이 팔리고 일정이나 숙소 따위에만 관심 있을 뿐, 별생각 없이 여기저기 옮겨 다니기만 하는 사람은 여행을 통해서 아무것도 얻지 못한 채 시간만 허비한 꼴이 되고 마는 것이다.

그런데 어디를 가든 그 지역의 정세나 다른 지역과의 관계, 약점, 교역, 특산물, 정치형태, 헌법 등을 유심히 관찰하는 사람이 있다. 또한 그 지역의 훌륭한 사람들과 교류하고, 그 지역 특유의 풍습이나 정서 등을 파악하는 사람도 있다. 이런 사람들이야말로 여행을 통해 많은 것을 얻게 되는 것이다. 언제, 어디서, 무엇을 보든 그것의 가치를 유념해서 살펴본다면 여러 방면에서 식견을 갖게 될 것이다.

여행을 할 때는 호기심 많은 사람이 되어라

로마는 인간의 다양한 감정이 온갖 방법으로 생생하게 표현되어 훌륭한 예술로 완성된 도시이다. 그런 도시는 찾아보기 어렵다. 그러므로 로마에서는 교황청이나 바티칸 궁전이나 판테온을 구경하는 것만으로 만족해서는 안 된다.

94

일 분 동안의 관광을 위해서 열흘 동안 정보 수집에 애쓰기를 바란다. 로마 제국의 본질, 교황 권력의 흥망성쇠, 궁정의 정책, 추기경의 책략, 교황 선출을 둘러싼 뒷이야기 등 절대적인 힘을 자랑했던 로마 제국의 내용에 관련된 것이라면 무엇이든 좋다. 무엇에든지 깊이 파고들어 가도록 해라.

어디든지 그 지역의 역사와 현재를 소개한 책자가 있다. 그것을 먼저 읽어라. 더러 부족한 점이 있더라도 기본적인 지침은 될 것이다. 그것을 읽고 자세하게 알고 싶은 것이 있으면 그 지역 사람에게 물어보면 된다. 모르는 것은 그것에 정통한 사람에게 물어보는 것이 최선이다. 아무리 자세히 기록되어 있더라도 안내 책자로 완벽한 정보를 얻기란 쉽지 않다.

영국에도 자기 나라를 자세히 설명해 놓은 책이 많을 것이다.

프랑스도 그렇다. 하지만 어느 책이든 정보로써는 불완전하다. 그렇다고 그 책들이 전혀 읽을 가치가 없는 것은 아니다. 만일 그 책을 읽지 않았더라면 생각조차 하지 않았을 부분들을 찾아낼 수 있다는 점만으로도 충분히 가치가 있다.

무엇에든지 의문이 생기거든 주저하지 말고 그 사정에 밝은 사람을 찾아 물어볼 일이다. 만일 군대에 관한 지식이 필요하다면 장교에게 물어보면 좋다. 대개는 자기 직업에 각별한 애착이 있으므로 자기 직업 이야기를 하는 것을 싫어하지는 않을 것이다. 그러므로 어떤 모임에서 군인을 만나게 된다면 훈련법이나 야영 방법, 의복의 배급, 급료, 역할, 검열, 숙영지 등 알고 싶은 것은 무엇이든지 물어보아라.

마찬가지로 해군에 관한 정보도 수집하면 좋다. 이제까지 영국은 프랑스 해군과 오랜 동맹관계를 맺어왔고 앞으로도 그럴 것이다. 알아서 손해볼 건 없다. 몸에 익힌 해외 정보가 너를 돋보이게 할 것이다.

언제, 어디서, 무엇을 보든
그것의 가치를 유념해서 살펴본다면
여러 방면에서 식견을 갖게 될 것이다.

LetterS 5

나만의 뚜렷한
주관을 가져라

사물을 보는 데에는 정확한 판단력이 필요하다

처음부터 자기 마음속에 의심을 품고
다른 의심스러운 것을 풀려고 하면
그 결정은 타당한 것이 될 수가 없다.
자기 마음이 이미 편견으로 정해져 있기 때문이다.
사물을 판단하는 데는 먼저
자신의 마음을 조용하게 가라앉힌 후에야
비로소 바르게 판단할 수 있다.

_순자

정확한 판단으로 사물을 대하기 위해 깊이 생각하는 습관을 몸에 익히기 바란다.

나도 10대 후반까지는 읽은 책의 내용을 제대로 이해하지 못하면서도 그대로 받아들였고, 사람들이 말하는 것도 옳고 그름을 먼저 판단하지 않은 채 받아들이고는 했다. 진실을 추구하기 위해 시간과 노력을 기울이기보다는 설사 틀리더라도 편한 것이 좋다는 사고방식이었지. 깊이 사고하는 것을 귀찮게 여겼고 놀기에도 바빴다. 그리고 상류 사회의 사고방식에 대해서는 다소 반항심도 있었다. 그러다 보니 분별 있는 생각을 하기는커녕 편견에 빠지기도 했었다. 스스로는 깨닫지 못했지만 진리를 추구하는 대신에 잘못된 생각에 빠져 있었던 것이다.

그러나 스스로 세상을 보는 눈을 기르고 생각을 키우고 뜻을 세우면서 놀랍게도 사물을 보는 시각이 달라지기 시작했다. 남들이 말하는 대로, 혹은 주어진 사고방식으로만 사물을 보거나 실체 없는 힘을 믿고 있었던 때와 비교할 때, 사물이 얼마나 질서정연하게 보였는지 모른다.

독단과 편견은 금물이다

나의 맨 처음 편견은 고전에 대한 절대적인 믿음이었다. 그것은 많은 고전을 읽거나 선생님들로부터 수업을 받아오면서 자연스럽게 형성된 것이었는데, 나는 그것을 지나칠 정도로 철저하게 신봉하고 있었다. 그 당시 나는 양식 있고 양심적인 것은 고대 그리스·로마 제국과 함께 멸망해 버렸다고 생각했다. 호메로스(그리스 최고의 서사시 '일리아드', '오디세이'의 작가)와 베르길리우스(로마 최고의 시인)와 타소(16세기 이탈리아 최고의 서사시인)는 현대인이기 때문에 볼 만한 작품이 못 된다고 믿었다.

하지만 지금은 다르다. 300년 전의 인간이나 지금의 인간이나 사실상 다를 점이 없다는 것을 잘 알게 되었다. 다만 그 존재 방식이나 관습이 시대에 따라 변할 뿐, 인간의 본질은 예나 지금이나 다를 리 없다.

유식한 척하는 교양인은 자칫 고전을 신봉하고, 그렇지 않은 사람은 현대의 것들에 열광한다고 생각하는 경우는 종종 있다. 하지만 종합해 보면, 현대인에게나 고대인에게나 각각의 장점과 결점이 있게 마련이며, 좋은 일도 하고 나쁜 일도 한다는 사실을 나는 뒤늦게나마 이해하게 되었다.

사람의 사고나 견해는 그리 간단히 바꿀 수 있는 것이 아니라는 점, 나와 다른 사람의 의견은 얼마든지 다를 수 있다는 점, 설사 상대방과 의견이 다르더라도 서로 진지하게 인정하고 이해해야 한다는 것을 나는 당시에는 알지 못했던 것이다.

편견이라는 것은 정말 무서운 것이다.

그럴듯해 보이는 것에 현혹되지 마라

그러나 네가 가장 유념해 주기 바라는 것은, 잘못되기는 해도 그다지 어리석지 않은 사고방식이다. 그것들은 이해력도 뛰어나고 사고방식도 건전한 사람들이 간혹 진리를 추구하는 노력을 게을리하고, 집중력과 통찰력이 부족하여서 그냥 방치되어 온 것이다.

그러한 사례 중 하나는, 유사 이래 줄곧 이어져 온 '전제정치 아래서는 예술성도 과학도 참된 발전을 못 한다.'는 말이다. 과연 자유가 제한된 곳에서 재능도 봉쇄되는 것일까? 이 생각은 언뜻 보기에는 그럴듯해 보이지만 나는 그렇게 생각하지 않는다.

농업과 같은 기술이라면 정치 형태에 의해 소유자나 이익이 보장되지 않을 경우, 진보하기가 어려울 수도 있다. 그러나 전제정치가 수학자나 천문학자, 또는 웅변가 등의 재능까지 억제해버린다는 말은 합당할까? 분명 시인이나 변사는 좋아하는 주제를 자유롭게 표현할 수 있는 자유를 빼앗길지도 모른다. 하지만 그렇다고 해서 정열을 쏟을 대상이나 재능까지 빼앗기는 것은 아니다.

위의 견해가 반드시 옳은 것은 아님을 증명한 사람들이 프랑스의 작가들이었다. 코르네유, 라신, 몰리에르, 브왈로, 라 퐁텐 등은 아우구스투스 시대와 필적할 만하다고 생각되는 루이 14세의 압제 밑에서 그 재능을 꽃피웠던 것이다. 또한 아우구스투스 시대의 훌륭한 작가들이 재능을 발휘한 것도 잔인하고 무능한 황제가 로마 시민의 자유를 구속하고 나섰기 때문이었다.

부디 오해하지 말기를 바란다. 나는 결코 전제정치를 옹호하는 것은 아니다. 독재는 내가 가장 싫어하는 것이다. 권력에 의한 억압은 인간의 기본권을 침해하는 범죄적 행위로써 어떠한 이유에서도 절대 인정할 수 없다.

진정한 자신의 생각을 확고하게 정립해라

이야기가 좀 길어졌는데, 많은 사고를 통해 사물을 정확하게 인식하는 습관을 길러주기 바란다. 지금의 네 사고방식을 자세히 점검해서, 정말 자신의 판단으로 그렇게 생각했는가, 남이 가르쳐준 대로 생각하고 있는 것은 아닌가, 편견이나 독단적인 생각은 없는가를 먼저 생각하는 것부터 시작해 보아라.

편견이 없어지고 난 후에는 여러 사람의 의견을 듣고 옳고 그름을 판단하고, 만약 옳지 않다면 어떤 점이 잘못됐는가를 생각하고 모든 것을 종합해서 자기 자신의 생각을 하기 바란다. 이것은 조금이라도 빨리 시작할 일이다.

물론 인간의 판단력이 언제나 옳기만 한 것은 아니다. 틀릴 수도 있다. 그것을 보충해 주는 것이 책이고, 사람과의 교제이다.

그러나 책이든 사람과의 교제이든 무턱대고 그냥 받아들여서는 안 된다.

어떤 상황에서도 흐려지지 않는 판단력을 유지해라

성실한 것은 하늘의 도다.
성실해지려고 하는 것은 사람의 도다.
그 성실을 이루는 데에는 다섯 가지가 있다.
첫째 널리 배우는 것
둘째 자세히 묻는 것
셋째 조심스럽게 생각하는 것
넷째 분명하게 판별하는 것
다섯째 독실하게 행하는 것이다.
그러나 네 번째까지 다 얻을 수는 있지만
다섯 번째인 얻은 것을 실행할 때만이
비로소 자기가 터득한 학문이라 할 수가 있다.

_중용

어떤 장점이나 덕행에도 단점이나 부덕한 면이 있는 법이다. 자칫 생각지도 못한 잘못을 범하는 수가 있다. 관대함이 지나치면 응석받이를 만들고, 절약이 지나치면 인색함이 되고, 용기가 지나치면 만용이 되고, 지나친 신중함은 비겁함이 될 수도 있다.

그런 면에서 결점이 없도록, 그리고 부도덕하지 않도록 주의하는 것 이상으로 장점이나 덕을 나타내는 면에서도 주의가 필요하지 않을까 생각한다.

부도덕한 행위 자체는 아름다운 것은 아니다. 그런데 도덕적 행위는 그 자체가 아름답다. 그러므로 도덕적인 행위는 처음부터 마음을 빼앗기고, 보면 볼수록, 알면 알수록 호감을 느끼게 된다. 그리고 금세 자신도 빠져버리고 만다.(아름다움에 관해서는 언제나 그렇지만.)

올바른 판단이 필요한 것은 바로 이 순간이다. 도덕적 행위를 끝까지 도덕적 행위가 되게 하기 위해서는, 장점을 끝까지 장점이 되게 하기 위해서는 판단력이 흐려지지 않도록 자신을 채찍질할 수 있어야 한다.

내가 이런 말을 하는 이유는 학식 있고 장점이 많은 사람이 빠지기 쉬운 함정에 관해서 이야기하고 싶었기 때문이다.

지식이 풍부하다는 것도, 올바른 판단력을 가지고 행동하지 않으면 유식한 척한다는 엉뚱한 험담을 듣게 될지 모른다. 너도 풍부한 지식을 익히게 될 것이다. 그때를 위하여 보통 사람들이 빠지기 쉬운 함정에 빠지지 않도록 지금부터 주의를 기울이는 것도 나쁘지 않을 것이다.

지식은 풍부하게, 몸가짐은 겸허하게

학식이 풍부한 사람은 지식에 자신이 있는 나머지 남의 의견에 귀를 기울이지 않는 일이 많다. 그리고 일방적으로 자신의 판단을 강요하거나 멋대로 단정하기도 한다. 그러면 어떤 결과가 올까? 그렇게 강요당한 사람들은 모욕을 느끼고 상처를 입었다고 생각하여 순순히 따르려 하지 않는다. 화를 내며 반항할 것이다.

그러므로 벼는 익을수록 머리를 숙이듯이 학식이 풍부할수록 겸허해져야 한다. 자기 자신만을 내세우지 않고 남의 의견에도 귀를 기울일 줄 알아야 한다. 자신의 지식을 자랑하지 않고 상대방의 생각을 존중할 수 있어야 한다. 지식은 회중시계처럼 호주머니 속에 넣어 두면 된다. 내보여 자랑하고 굳이 필요도 없는데 호주머니 속에서 꺼내 보거나 남에게 시간을 가르쳐 주려고 할 필요는 없다. 시간을 묻는 사람이 있으면 그때만 대답하면 된다.

현실성 없는 학문은 훌륭한 열매를 맺지 못한다

한때는 괴롭고 한때는 즐겁고
고락을 함께 맛보아 단련한 끝에
이룬 사람이야말로
그 복이 비로소 오래가며
의심과 믿음을 참작하여
지식을 이룬 사람이야말로
그 지식이 비로소 참된 것이다.

_채근담

오늘은 녹초가 될 만큼 아주 피곤하다. 아니, 혼났다고 말해야 좋겠다. 학식이 풍부하고 훌륭한 신사인 친척이 나를 찾아와서 식사하면서 저녁 한때를 보냈다. 그런데 아뿔싸! 이 사람은 예의도 모르거니와 대화의 올바른 방법조차 모르는, 이른바 '학자 바보'였다.

흔히 잡담을 '근거도 없는 시시한 이야기'라고 말들 하지만, 이 사람의 이야기는 온통 근거 있는 이야기뿐이었다. 나는 진절머리가 났다. 아마도 연구실에 처박혀서 모든 일에 관해 생각을 거듭한 끝에 자기 생각을 확립한 것이리라. 내가 조금이라도 벗어난 말을 하면 말끝마다 자기주장을 펼치며 눈을 뒤집어 까고 흥분하는 것이다. 분명 그의 주장은 모두 그럴듯 했다. 그런데 유감스럽게도 현실성이 없었다.

왜 그런지 알겠느냐? 그 사람은 책만 읽었을 뿐이지 사람과 교제를 하지 않았기 때문이다. 학문은 깊지만, 인간에 대해서는 무지했던 것이다. 자기 생각을 표현할 때도 말하는 것이 무척 힘들어

보여 딱한 생각이 들 정도였다. 말이 시작되나 싶으면 곧 끊어지고
는 했다. 게다가 태도는 무뚝뚝하고 동작은 세련되지 못했다.

학식은 현실성이 수반될 때 더 빛날 수 있다

현실성 없는 이론은 그렇지 않은 사람을 피곤하게 만든다. 예를
들어 '세상은 그런 것이 아니오.'라고 말참견을 하더라도, 그에 관
한 자기주장을 시작하면 끝이 없고 이쪽 말에는 아예 귀도 기울이
지 않을 것이다.

그것도 당연하긴 하다. 상대는 옥스퍼드 대학이나 케임브리지
대학에서 평생을 연구에만 몰두한 사람이니까 예를 들어, 인간의
두뇌에 관해서, 마음에 관해서, 이성, 의지, 감정, 감각, 감산에 관
해서 등 보통 사람이 생각지도 못하는 것까지 세분화해서, 인간을
철저히 연구하고 분석해서 자기 학설을 확립한 것이다. 그러니 쉽
게 물러설 리가 없다. 자기가 옳다고 생각하는 것도 당연하다.

그것은 나름으로 훌륭한 일이라고 나는 생각한다. 다만 곤란한
것은, 그는 실제로 인간을 깊이 있게 관찰하고 교제한 일이 없으므
로, 세상에는 여러 부류의 인간이 있고 다양한 관습과 편견과 기호
가 있다는 것, 그리고 그것들을 종합해서 한 사람의 인간이 존재한

다는 것을 전혀 모르고 있다는 것이다. 예컨대 인간에 관해서는 전혀 무지하다는 것이다. 인간에 대해 이론은 풍부하지만 현실을 간과하고 있기 때문이다.

사람은 어떤 빛깔로든 변할 수 있다

세상을 모르는 학자에게는 아이잭 뉴턴이 프리즘을 통해서 빛을 보았을 때처럼 인간이 몇 가지 빛깔로 분류되어 보이는 것이다. 이 사람은 이 빛깔, 저 사람은 저 빛깔이라는 식으로 말이다.

그런데 경험이 풍부한 염색기술자는 다르다. 그는 빛깔에 명도가 있고 채도가 있다는 것을 알고 있다. 한 빛깔로 보여도 여러 빛깔이 섞여 있다는 것을 알고 있다.

인간은 한 가지 빛깔만으로 형성되어 있지 않은 법이다. 그 정도에 차이가 있기는 해도 각기 다른 빛깔이 섞여 있거나 그림자가 들어 있거나 한다. 그뿐만 아니라 비단이 빛을 받는 정도에 따라서 빛깔이 변하는 것처럼, 상황에 따라 다른 빛깔로도 변하는 것이 인간이다.

이런 것은 세상을 알고 있는 사람이라면 누구나 다 알고 있다.

그런데 세상에서 격리되어 홀로 연구실에만 틀어박혀 있는 학자는 그것을 모른다. 이것은 머리로 알 수 있는 것이 아니다. 그러므로 공부한 것을 실천하려고 해도 앞뒤가 맞지 않아 생각대로 되지 않는다. 춤추는 것을 본 일이 없는 사람이나 춤을 배운 일이 없는 사람이 악보를 읽을 수 없고, 멜로디나 리듬을 이해할 수 있더라도 춤을 출 수는 없을 것이다. 그런 눈으로 보고 귀로 듣고서 세상을 알고 있는 사람은 다르다.

지식은 생활 속에 섞일 때 비로소 지혜가 된다

너는 지식도 인격도 훨씬 모자란 사람이 자신보다 우수한 사람을 능숙하게 다루고 있는 것을 본 적이 없을 것이다. 나는 지금까지 그런 경우를 여러 차례 보았다. 그런 일이 가능한 것은 세상을 사는 지혜의 차이에서 비롯된 것이다. 그들은 지식과 인격은 있지만, 세상 물정에 어두운 사람들의 맹점을 파고들어 그들을 마음대로 움직이고 있는 것이다.

자기 눈으로 보고 관찰하고 실제로 체험해서 세상을 알고 있는 사람은 단지 책을 통해서만 세상을 아는 사람과는 근본적으로 다르다. 그것은 잘 훈련받은 말이 노새보다는 훨씬 쓸모 있다는 것과 같은 이치다. 너도 이제 지금까지 공부해 온 것, 보고 들은 것을 차근차근 종합하여 자기 나름의 판단으로 자신의 인격이나 행동양식이나 예의범절을 확립해야 할 시기에 이르렀다. 따라서 사회에 관해 쓰인 책을 읽는 것은 좋은 일이다. 책에 기록되어 있는 것과 현실을 비교해 보면 공부가 될 것이다.

예를 들면 오전에 라 로슈푸코의 격언을 몇 개 읽고 깊이 고찰하였다고 하자. 그것을 밤에 사교장에서 만나는 사람들에게 적용해서 생각해 보면 좋을 것이다. 라 브뤼에르의 책을 읽었으면, 거기 묘사된 세계는 어떠한 것인가를 실제로 밤의 사교장에서 확인해 보는 것이다.

책에는 인간의 마음의 움직임이나 감정의 동요 등 여러 가지 일들이 쓰여 있다. 그것을 미리 읽어둔다는 것은 좋은 일이다. 그렇지만 그것으로 끝나서는 안 된다. 실제로 사회에 발을 들여놓고 관찰하여라. 그러지 않으면 모처럼 얻은 지식도 살아 있는 지식이 되지 못한다.

표현력을 갈고 닦아
설득력을 키워라

사람을 이롭게 하는 말은 솜처럼 따뜻하지만
사람을 상하게 하는 말은 가시처럼 날카롭다.
한 마디 말이 잘 쓰이면 천금과 같고
한 마디 말이 사람을 해치면 칼로 베는 것과 같다.

_명심보감

오늘은 영국에서 율리우스력을 그레고리력으로 개정하기 위한
법안을 상원에 제출하였을 때의 일에 관해서 이야기해보려 한다.
틀림없이 너에게 참고가 될 것이다.

　율리우스력이 태양력을 11일이나 초과하고 있는 부정확한 달력
이라는 것은 누구나 알고 있는 사실이었다. 그것을 개정한 사람이
교황 그레고리우스 13세이다. 그레고리력은 곧바로 유럽의 가톨
릭 국가에 받아들여졌고, 계속해서 러시아와 스웨덴과 영국을 제
외한 모든 프로테스탄트 국가에 받아들여졌다.

　나는 유럽의 주요 국가들이 그레고리력을 채택하고 있는데, 우
리나라는 여전히 잘못이 많은 율리우스력을 고수하고 있다는 것
은 매우 부끄러운 일이라고 생각하였다. 나 말고도 해외에 자주 왕
래하고 있었던 정치가들이나 무역상 중에는 불편과 불합리함을
느끼고 있는 사람이 많이 있던 것 같다.

　그래서 나는 영국의 달력을 개정하기 위하여 여론을 수렴하고
법안을 상정하기로 결심하였다.

한 나라의 역사를 바꿔 버린 나의 화술

먼저 나라를 대표할 만한 법률가와 천문학자 몇 사람의 협력을 얻어서 법안을 작성하였다. 내 고생이 시작된 것은 여기부터이다. 당연한 일이지만, 법안에는 법률 전문용어와 천문학상의 계산이 가득 담겨 있었고 그것을 제안하기로 되어 있는 사람은 그 어느 쪽에도 문외한인 나였던 것이다.

그런데 법안을 성립시키기 위해서는 나에게도 다소의 지식이 있다는 것을 의회 사람들에게 알릴 필요가 있었고, 또 나와 마찬가지로 이런 일을 잘 모르는 의원들에게도 조금은 이해된 것 같은 기분을 갖게 할 필요가 있었다.

나는 천문학의 설명을 하는 것도, 켈트어나 슬라브어를 배워 그 언어로 말을 하는 것과 같이 크게 어려운 일은 아니었지만, 의원들 측면에서 보면 어려운 천문학의 이야기 따위는 별 흥미가 없을 것임이 틀림없다고 생각되었다. 그래서 내용 설명이나 전문용어의 나열은 집어치우고 의원들의 마음을 붙잡는 일에만 노력을 기울이기로 하였다.

나는 이집트력부터 그레고리력에 이르기까지의 과정을 간간이 일화를 섞어가면서 재미있게 설명하였다. 말씨, 문체, 화술, 몸놀림에는 특히 신경을 썼다. 이것은 성공이었다. 앞으로도 이런 방법은 성공할 것임이 틀림없다.

의원들은 이해가 간다는 표정들이었다. 과학에 대한 설명 같은 것은 아무것도 하지 않았고, 또 그렇게 할 생각도 없었음에도 여러 의원이 나의 설명으로 모든 것을 명백히 알았다고 발언하였다.

나의 설명에 이어 법안 작성에 누구보다도 힘을 써 준 유럽 제일의 수학자이자 천문학자인 마크레스필드 경이 전문적인 이야기를 했다. 그런데 그의 이야기하는 태도가 별로 안 좋았던지, 참으로 어처구니없는 일이지만 나에게 모든 찬사가 집중되어버렸다. 세상은 그런 것이다.

너도 기억나는 일이 있을 것이다. 말을 하는 사람이 거친 억양으로 이야기하거나, 엉망진창이거나, 말의 순서도 뒤죽박죽이라면……. 그런 경우 이야기의 내용에 귀를 기울이고 싶지 않은 적이 있지 않니? 적어도 나는 그렇다. 그런데 이와는 정반대로 호감을 느낄 수 있는 방법으로 말하는 사람은 그 내용까지 훌륭하게 들리고 그 사람의 인격까지 반해버리게 된다.

내용 못지않게 지엽적인 부분도 중요하다

사사로운 모임에서 사람의 마음을 붙잡고자 할 때든, 공적인 모임에서 청중을 설득하고자 할 때든, 이야기의 내용 못지않게 말하는 사람의 분위기, 표정, 몸짓, 품위, 목소리를 내는 방법, 사투리의 유무, 어디를 강조하는가, 억양 등 지엽적인 부분도 매우 중요하다.

나는 피트 씨와 스토마운트 경의 백부인 뮤레이 법무장관이 이 나라에서 가장 연설을 잘하는 인물이라고 생각하고 있다. 이 두 사람 말고 영국 의회를 조용하게 만들 수 있는 사람, 즉 논쟁의 과열을 진정시킬 수 있는 사람은 없다. 이 두 사람의 연설은 시끄러운 의원들을 침묵시켜 열심히 귀를 기울이게 할 힘을 가지고 있다. 그분들이 연설하고 있을 때는 바늘 떨어지는 소리까지 들릴 정도이다.

왜 두 사람의 연설이 그렇게 힘을 가지고 있는가? 다른 의원들이 하는 연설보다 내용이 훌륭하기 때문일까? 아니면 누구도 반박할 수 없는 정확한 증거를 내세우고 있기 때문일까?

나도 그들의 연설에 매료된 사람 중의 하나이지만, 집에 돌아와서 왜 그렇게 매료당하는가를 생각해 본 일이 있다. 도대체 그 사람들은 무엇을 말했을까? 하나하나 다시 생각해 보니 놀랍게도 내용은 거의 없고 주제도 설득력이 없는 때가 잦았다. 예컨대 그 연설의 알맹이보다는 겉으로 드러난 허식에 매료된 것이었다. 아무런 꾸밈도 없는 논리 정연한 화술은 지적 인간이 두세 사람 모이는 곳에서나 사사로운 모임에서는 설득력도 있고 매력도 있을지 모르겠다. 그렇지만 많은 사람을 상대로 공적인 장소에서는 통용되지 않는다.

세상이라는 것은 그런 것이란다. 우리는 연설을 들을 때 어떤 가르침을 받기보다는 아름답게 들을 수 있는 편을 택한다. 원래 가르침을 받는다는것은 그다지 기분 좋은 일은 아니다. 무식하다는 말을 듣는 것과 같은 일이기 때문이다. 이것은 연설을 그다지 능숙하게 하지 못하는 이 나라 사람들이나 너에게는 다시 생각해 볼 가치가 있는 중요한 일이 아닐까?

바른말과 명확한 발음으로 표현력을 길러라

너는 우리의 마음을 사로잡는 배우들이 어떤 식으로 말하는지 주의 깊게 관찰한 적이 있느냐? 좋은 배우는 명확히 발음하고 정확한 말에 중점을 두는 법이다.

말이라는 것은 개념을 전달하기 위해서 있는 것이다. 그러므로 개념이 제대로 전달되지 않는 방법으로 말을 하거나, 듣기 싫은 방법으로 말을 한다는 것은 어리석기 이를 데 없다.

하트 씨의 도움을 받아라. 매일 큰 목소리로 책을 낭독하고 그것을 들어달라고 부탁해라. 호흡하는 방법, 강조하는 방법, 읽는 속도 등에 부적절한 점이 있으면 정정해 달라고 부탁해라.

읽을 때는 입을 크게 벌려 한 마디 한 마디 명확히 발음하고, 조금이라도 빠르거나 말씨가 불분명하면 지적해 달라고 부탁해라. 혼자서 연습할 때도 자신의 귀로 잘 듣도록 해라. 처음에는 천천히 읽어, 말이 빨라지기 쉬운 너의 나쁜 버릇을 고치도록 유의해라. 너의 발음에는 걸리는 듯한 느낌이 있단다. 빨리 말할 때에는 알아듣기 어려울 때가 있으니 말이다. 발음하기 어려운 자음이 있으면 완벽하게 발음할 수 있을 때까지 몇 번이든 연습해라. 별것 아닌 것으로 보일지 몰라도 이러한 연습이 표현력을 기르고 정확하게 의사를 전달하며 말하는 것에 있어 좋은 태도를 보이게 하는 데 도움이 될 것이다.

말이라는 것은 개념을 전달하기 위해서 있는 것이다.
그러므로 개념이 제대로 전달되지 않는 방법으로 말을 하거나,
듣기 싫은 방법으로 말을 한다는 것은 어리석기 이를 데 없다.

아들아
시간을 낭비
인생이 하기에는
너무 짧다

자기의 이름에
자신과 긍지를
가져라

하늘은 녹 없는 사람을 내지 않으며
땅은 이름 없는 풀을 기르지 않는다.

_명심보감

지난번에 네가 지출한 것이라며 90파운드짜리 청구서가 나에게 왔는데, 그 순간 지불을 거절하고 싶었다. 금액이 문제가 아니다. 보통 이런때에는 미리 상의하는 편지를 보내는 것이 예의인데 네가 이에 관해 편지 한 장 보내지 않은 것이 그 이유 중 하나이다.

그러나 그것 이상으로 너의 서명이 어디에 있는지 알 수가 없었다. 청구서를 가지고 온 사람이 가리키는 곳을 돋보기로 보고서야 비로소 너의 서명이 구석에 있는 것을 알았다. 처음에는 글씨를 쓸 줄 모르는 사람이 간단하게 표시한 ×표 서명인가 싶었는데, 웬걸 너의 서명이었다. 나는 일찍이 그렇게 볼품없는 서명을 본 적이 없다.

신사, 또는 적어도 사업 세계의 몸을 둔 자는 언제나 똑같은 서명을 하는 것이 관례로 되어 있다. 그렇게 함으로써 자신의 서명에 익숙해지고 가짜가 횡행하는 것을 방지할 수 있다. 또 보통 서명할 때는 다른 문자보다는 좀 크게 쓴다. 그런데 너의 서명은 다른 문자보다도 작았고, 게다가 알아보기도 몹시 어려웠다.

서둘러라, 그러나 허둥대지 마라

허둥대고 있었기 때문에 그런 서명밖에 할 수 없었다고 너는 말할지도 모르겠다. 그러면 어째서 허둥대고 있었지?

지성 있는 인간은 서두르는 일은 있어도 허둥대는 일은 없다. 허둥대면 일을 망친다는 것을 알고 있기 때문이다. 그러므로 서둘러서 일을 완성하는 일은 있어도, 서두름으로써 일이 아무렇게나 되지 않도록 항상 마음을 쓰는 법이다.

대개 소심한 사람이 허둥대는 것은 자신에게 주어진 일이 힘에 부친다는 것을 알았을 때이다. 자신의 힘으로는 어찌할 도리가 없다고 생각하기 때문에 허둥대며 뛰어다니고, 머리를 썩이고, 결국 혼란에 빠져서 무엇이 무엇인지 모르게 된다. 이것저것 모두 한꺼번에 해치워버리려고 해서 어느 것에도 손을 댈 수 없게 되는 것이다.

그 점에서 분별이 있는 사람은 다르다. 손을 대려고 하는 일을 완전히 끝마치는 데 필요한 시간을 미리 준비해 두었다가, 한 가지 일을 지속해서 서둘러 완성한다. 예컨대 서둘러도 항상 침착하여 허둥대는 일이 없으며, 한 가지 일을 끝맺기 전에는 다른 일에 손을 대지 않는 것이다.

너도 여러 가지 할 일이 많아서 충분한 시간을 낼 수 없다는 것은 잘 알고 있다. 하지만 대충 마무리하려면, 차라리 절반은 완벽하게 하고 나머지 절반은 손을 대지 않은 채로 그냥 두는 편이 훨씬 낫다. 게다가 교양없는 인간으로 오인받을 정도로 무성의한 글씨를 쓰는 어리석음, 그런 품위 없는 짓을 해서 몇 초의 시간을 벌었다고 해도 그 시간은 아무런 쓸모가 없다.

일생을 함께 할
우정을 키워나가는
방법

친구는 자신의 인격을
비추는 거울이다

이로운 친구는
직언을 꺼리지 않고
언행에 거짓이 없으며
지식을 앞세우지 않는 벗이다.
해로운 친구는
허식이 많고
속이 비었으며
외모치레만 하고
마음이 컴컴하며
말이 많은 자다.

_ 공자

일반적으로 젊은이들은 친구에게서 어떤 부탁을 받으면 여간해서 냉정하게 딱 잘라 거절하지 못하는 법이다. 만약 싫다고 하면 체면이 깎이는 것 같은 생각이 들 수도 있다. 또한 상대편 친구에게 미안한 생각이 들기도 한다. 때로는 친구의 청을 거절했다고 해서 동료에게 따돌림을 당할까 염려가 되기도 할 것이다. 그런 생각이 드는 것 자체는 나쁘지 않다. 사실 상대방의 뜻을 존중하고 상대방을 배려하고 기쁘게 해주려는 생각은 좋은 것이니 말이다. 그러나 진정한 친구 사이라면 이런 염려들을 할 필요가 없을 것이다.

진정한 우정은 쉽게 뜨거워지거나 쉽게 식지 않는다

토리노의 대학에는 여러 부류의 사람들이 있을 것이다. 그들과 금방 친밀해지고 친구가 될 수도 있다고 생각하는 것은 잘못이다.

진정한 우정이라는 것은 그렇게 간단히 맺어지는 것이 아니다. 진정한 우정은 오랜 시간을 들여서 서로 잘 알고 이해할 때 가능해지는 것이다.

그러나 이름만 우정이라는 것도 있다. 젊은이들 사이에 만연하고 있는 것이 바로 이런 가벼운 우정이다. 이 우정은 뜨겁지만 잠깐 있으면 식어버리기에는 십상이다.

우연히 알게 된 몇 사람의 동료와 함께 무분별한 행위를 하거나 놀이를 일삼는 일이 있을 것이다. 그것은 즉흥적인 우정이다. 그들은 자신들의 값싼 관계를 우정이라고 부르면서, 쓸데없이 돈을 빌려 주거나 친구를 위한다고 소동에 끼어들어 싸움질하기도 한다.

그러나 이런 사람들은 일단 사이가 벌어지면 이번에는 손바닥을 뒤집듯이 상대편의 험담을 늘어놓기도 한다. 일단 사이가 나빠지면 그만이고 두 번 다시 상대편을 생각해 주는 일이 없다. 오히려 지금까지 신뢰 관례를 배반하고 우롱하기도 한다.

여기에서 한 가지 네가 주의해야 할 것은, 함께 있으면 즐겁다고 해서 반드시 좋은 친구는 아니라는 점이다.

친구를 보면 그 사람을 알 수 있다는 말은 어느 정도 일리가 있는 말이다. 스페인에는 그것을 정확하게 표현하고 있는 속담이 있다.

'가장 가까운 사람이 누구인가 가르쳐 달라. 그러면 당신이 어떤 사람인지 알아맞혀 보겠다.'

유유상종이라는 말이 있듯 부도덕한 자나 어리석은 자와 친구인 사람은 그 사람도 같은 부류의 사람이 아닐까에 대해 의심을 받기에 십상이다. 그러나 여기서 주의하지 않으면 안 되는 것은, 부도덕한 자나 어리석은 자가 접근해 왔을 때 눈치 채지 않게 멀리하는 것도 중요하지만, 필요 이상으로 냉담하게 대하여 적을 만들어서는 안 된다는 것이다. 친구로 삼고 싶지 않은 사람은 얼마든지 있겠지만, 그렇다고 그들을 적으로 만드는 것도 어리석은 짓이다.

내가 그런 입장이라면 적도 아니고 내 편도 아닌 중간적 입장을 택하겠다. 이것이 안전한 방법이다. 좋지 않은 행동은 미워하지만, 인간적으로는 적대시하지 않아야 한다. 중요한 것은 상대가 누구든 간에 말해서 좋은 것과 말해서 안 되는 것, 해서는 안 되는 일을 분간하여 자기 자신을 통제하는 일이다.

진정한 의미에서 사물을 정확히 분별하고 있는 사람은 드물다. 대개는 사소한 것에 마음을 빼앗겨 완고하게 입을 닫아 버리거나, 반대로 자기가 알고 있는 것과 생각하고 있는 것을 모두 드러내어 적을 만들어버리기도 한다.

자기 발전에
도움이 되는
교제에 힘써라

그 아들의 선악은
그 아버지의 행동을 보면 알 수가 있다.
그 사람을 모르겠거든
그 친구를 보면 알 수 있다.

_잡편

Letters 6-2

아들아, 너는 어떤 사람과 교제를 하고 있지? 함께 어울리는 사람들이 누구인가 하는 것은 매우 중요하다. 그렇다면 어떠한 사람과 교제할것인가에 관해 말해 보겠다.

아래를 보지 말고 위를 보아라

먼저, 될 수 있는 대로 자기보다 뛰어난 사람들과 사귀도록 노력해라. 훌륭한 사람들과 교제하다 보면 자기도 그 사람들과 똑같이 훌륭하게 된다. 거꾸로 자기보다 못한 사람과 교제하면 자기도 그와 똑같은 인간이 되어 버린다. 앞에서도 말한 바와 같이 인간은 교제하는 상대 여하에 따라서 어떻게 변하는 법이다.

여기에서 훌륭한 사람이라고 내가 말하는 것은 가문이 좋다든가 지위가 높다든가 하는 의미는 아니다. 내실이 있는 사람, 세상 사람들이 훌륭하다고 생각하는 사람들을 말하는 것이다. 훌륭한 사

135

람에는 크게 두 부류가 있다.

첫 번째 부류는 사회적으로 뛰어난 사람들이다. 사회에서 주도적인 상황이 있는 사람이나 사교계에서 화려하게 활동하는 사람 등을 말한다.

두 번째 부류는 특정 분야의 학문이나 예술에 뛰어난 재능을 가지고 전문분야에서 두각을 나타내는 사람들이 있다. 그렇다고 해서 자기 혼자서만 그렇게 생각하고 있어서는 안 된다. 다른 사람들이 모두 그렇게 인정하는 사람들이어야 한다.

교제에 적합한 그룹이란, 단순히 뻔뻔스러움만 가지고 동료로 가입하거나, 어떤 사람의 소개로 어쩔 수 없이 들어가거나 하는 가지각색 인간이 뒤섞여 있는 집단인지도 모른다. 다양한 인간을 관찰하는 것은 즐겁고 유익하다. 게다가 그 주류는 훌륭한 사람들이다. 그런 집단에는 눈살을 찌푸려야 할 만한 인물은 절대로 가입할 수가 없다.

그런 뜻에서 말한다면, 신분이 높은 사람들만의 모임은 구성원 각자가 그 지역에서 훌륭하다고 인정을 받고 있지 않은 한 반드시 바람직하다고 말할 수 없다. 신분이 아무리 높아도 머리가 텅 비어 있거나 상식적인 예의도 모르는 사람이나 아무짝에도 쓸모없는 사람이 있을 수 있기 때문이다.

그러한 그룹에 받아들여질 만한 재주가 너에게 있다면, 가끔 얼굴을 내미는 것은 대단히 좋은 일이라고 생각한다. 그 일로 너에 대한 평판이 좋아지면 좋아졌지 나빠지는 일은 없을 것이다. 그렇지만 그 그룹에만 틀어박혀 있는 것은 좀 생각해볼 문제이다.

결점까지 칭찬하는 사람에게는 접근하지 마라

어떤 일이 있어도 피해야 할 것은 수준이 낮은 사람과의 교제이다. 인격적으로 수준이 낮고 덕이 모자라고 두뇌가 떨어지고 사회적 위치가 낮은 사람, 자기 자신은 아무것도 내세울 만한 장점이 없고 너와 교제하고 있는 것만을 자랑으로 삼고 있는 그런 사람들이다. 그런 사람은 너와 가까워지기 위하여 너의 결점까지도 일일이 칭찬할 것이다. 혹시 주변에 그런 사람이 있니? 그렇다면 그런 사람하고는 결코 교제해서는 안 된다.

너는 내가 이렇게 당연한 일에까지 주의를 시키는 것에 놀라고 있을지도 모르겠구나. 그렇지만 나는 수준이 낮은 사람과 교제해서는 안 된다고 주의를 시키는 것이 전혀 불필요하다고 생각하지는 않는다. 분별도 있고 사회적 지위도 확고한 분들이 그런 수준이 낮은 사람과 교제하여 신용을 떨어뜨리고 타락해 가는 것을 나는 수없이 보아 왔기 때문이다.

여기에서 가장 문제가 되는 것이 허영심이다. 허영심 때문에 인간은 나쁜 일들을 수없이 일으켰고, 어리석은 행동을 하기도 했다. 자기보다 수준이 낮은 사람과 교제하는 것도 이 허영심 때문이다. 사람은 누구나 자기가 속한 그룹에서 으뜸이 되기를 바라는 법이다. 동료로부터 칭찬을 받고 싶고, 존경을 받고 싶고, 마음대로 동료를 움직이고 싶다고 생각하는 법이다. 그런 시시한 찬사를 듣고 싶어서 수준이 낮은 사람들과 사귀게 되는 경우다. 그 결과는 어떻게 되리라고 생각하니? 그렇다. 얼마 안 가서 자기도 그 사람과 똑같은 수준이 되어 버려, 좀 더 훌륭한 사람과 교제하려고 해도 그 뜻을 이루지 못하게 된다. 다시 말하건대, 사람은 교제하는 상대와 똑같은 수준까지 올라가기도 하고 내려가기도 한다. 사람들은 네가 교제하는 상대를 보고 너를 평가한다. 그러니 언제나 함께 어울리는 사람들을 심사숙고해서 결정하는 것이 좋다.

사람을 제대로
평가할 수 있는
안목을 길러라

누가 가장 영광스럽게 사는 사람인가?
한 번도 실패함이 없이 나아가는 데 있는 것이 아니라
실패할 때마다 조용히 그러나 힘차게
다시 일어나는 데에 참된 영광이 있다.

_스미스

젊은이들은 인간이나 사물에 대해서, 보는 것과 듣는 것 모두를 과대평가하기 쉬운 경향이 있다. 그 이유는 실체를 잘 모르기 때문이다. 진실을 알게 되면 그 평가는 점점 내려갈 것이다. 인간은 네가 생각하는 것만큼 그렇게 이지적이고 이성적인 동물이 아니다. 감정의 지배를 받고 간단히 무너져 버리는 연약함도 가지고 있다.

일반적으로 유능하다는 평판을 받는 사람들의 유능함 역시 절대적이 아니라는 것을 너도 알고 있을 것이다. 그런데도 역시 유능하다고 평가받는 것은 다른 사람들과 비교해서 더 낫다는 것에 불과하다.

그들은 우선, 자기 자신을 억제하고 결점을 줄임으로써 나머지 사람들을 잘 다루고 있는 것이다. 이때, 이성에 호소하여 사람들을 잘 다루려고 하는 어리석은 짓은 하지 않는다. 감정과 감각 등 다루기 쉬운 점을 교묘하게 파고든다. 그러므로 실패하는 일은 거의 없다.

그러나 한발 물러나 자세히 보면 완벽하다고 생각하고 있는 사람에게도 결점이 있다는 것을 손쉽게 알 수 있다. 저 위대한 브루투스도 그렇다. 마케도니아에서는 도적놈 같은 짓을 하지 않았던가! 프랑스의 추기경 리슐리외도 그렇다. 자신의 시적 재능을 조금이라도 높이 평가받으려고 보기에 좋지 않은 행동을 하지 않았던가! 말버러 공작도 그렇다. 사람들에게 인색한 면을 자주 보여 주지 않았던가!

너 자신의 눈으로 인간이란 어떤 것인가를 알 수 있게 될 때까지는 라로슈푸코 공작의 〈격언집(Maxims)〉을 읽으면 좋다. 이 소책자를 잠깐이라도 좋으니 매일매일 읽기 바란다. 이 책만큼 인간의 있는 그대로의 모습을 정확히 파악하고 인간에 관하여 많은 것을 일깨워 주는 책은 없다고 생각한다. 이 책을 읽으면 너도 인간을 필요 이상으로 과대평가하는 일은 없게 될 것이다. 그렇다고 해서 인간을 부당하게 깎아내리고 있는 책은 아니다. 그것은 내가 보증한다.

실패와 좌절은 최고의 스승이다

사람은 특히나 자기보다 뛰어난 사람들 속에 끼어 있으면 언제나 남들이 자기만을 보고 있는 것 같은 느낌이 드는 법이다. 남들이 작은 목소리로 소곤거리며 자기에 관해서 말하고 있는 것으로 생각하고, 웃고 있으면 자기를 보고 웃는 것으로 생각하기 쉽다.

또 무엇인가 명백히 뜻을 알 수 없는 말을 들을 경우, 그 말을 억지로, 자신에게 적용하면서, 틀림없이 자기를 두고 한 말이라고 생각해 버린다.

스크라브가 '계략(Stratagem)'이란 책에서 쓰고 있는 바와 같이, "저렇게 큰 목소리로 웃고 있잖아? 나를 보고 있음이 틀림없어."라고 생각해 버리는 법이다.

아무튼 뛰어난 사람들 속에 섞여서 실패를 거듭하고 좌절감을 실컷 맛보는 동안에 너도 차츰 세련된 태도를 몸에 익히게 될 것이다.

남성이든 여성이든 좋으니 네가 가장 친하게 지내고 있는 사람들에게, "저는 젊음과 경험이 부족해서 퍽 무례한 짓을 저지르고 있다고 생각합니다. 그것을 발견했을 때는 주저하지 말고 지적해 주시지 않겠습니까?" 하고 부탁해 보면 좋을 것이다. 그때 지적을 받으면 우정의 증거라고 생각하고 감사의 말을 붙이는 것도, 잊지 말아야 한다.

이처럼 마음을 숨김없이 이야기하여 상대편의 도움을 청하고, 그러한 도움에 감사의 뜻을 표하면 지적해 준 사람도 기분좋게 생각하여 너에게 힘이 되어줄 것이다. 많은 사람이 친밀한 마음으로 너의 무례한 행위나 부적절한 언동을 충고해 주게 되면, 너는 차츰 마음도 몸도 자유로워질 것이다.

감사의 마음을
솔직하게 표현할 줄
알아야 한다

일생에 있어서 기회가 적은 것은 아니다.
그것을 볼 줄 아는 눈과
붙잡을 수 있는 의지를 가진 사람이 나타나기까지
기회는 잠자고 있는 것이다.
비록 재난이라 할지라도 그것을 휘어잡는
의지 있는 사람 앞에서는
도리어 건설적인 귀중한 가능성을 품고 있는 것이다.

_로런스 굴드

지난번에 로마에서 갓 귀국한 분으로부터, 너만큼 로마에서 환대를 받은 사람은 없을 것이라는 말을 듣고 나는 몹시 기뻤다. 파리에서도 틀림없이 환대를 받을 것으로 믿고 있다. 파리 사람들은 외지에서 온사람들, 특히 예의 바르고 마음이 따뜻한 사람에게는 친절히 대해 준다.

그렇지만 그러한 호의에 응석만 부리고 있으면 안 된다. 그들도 역시, 네가 자신들의 나라를 사랑하고 있고, 자기들의 태도나 관습에 호감을 느끼고 있다고 느끼게 된다면 기쁠 것이다.

그러한 마음을 일부러 입 밖으로 말하라는 것은 아니다. 그렇게 하는 것도 나쁘지는 않지만 그런 마음은 태도로 충분히 전할 수 있다. 파리에서 환대를 받으면 그 정도의 답례를 해도 좋다고 생각하는데, 네 생각은 어떠니? 나도 만일 아프리카에 가서 거기서 선의의 환대를 받으면 상대가 누구든 간에 그 정도의 사의는 표할 것이다.

쾌활함과 끈기야말로 진정함 젊음의 밑천이다

파리에서 네가 묵을 거처는 이미 마련해 놓았다. 기숙사에도 즉시 입주할 수 있게 되어 있다. 이 일은 정말 감사한 일이다. 최소한 반년 동안은 기숙사에 기거할 수 있게 되었으니, 이것이 얼마나 감사한 일인지 잘 생각해 보아라. 만약 호텔에 머물게 되면 날씨가 아무리 나쁘더라도 매일 반드시 학교까지 가야 한다. 물론 그 시간이 낭비된다. 그러나 진짜 문제는 그런 것이 아니다. 기숙사에 기거하게 되면 파리 상류사회의 여러 젊은이와 가까이 사귈 기회가 생긴다. 얼마 지나지 않아 그들은 너를 파리 사교계의 일원으로 따뜻하게 맞아들여지게 될 것이다. 이런 차려놓은 밥상을 받은 영국인은 내가 아는 범위 내에서는 네가 처음이다. 게다가 거기에 드는 비용도 큰 액수가 아니므로 그 점에 대해서는 걱정하지 않아도 좋다.

그보다도 너의 프랑스어는 완벽에 가깝다고 할 수 있으므로 곧 프랑스 사회에 익숙해질 수 있을 것이다. 그러면 지금까지 파리에서 생활한 누구보다도 충실한 나날을 보내게 될 것이다. 이보다 더 무엇을 바라겠느냐?

유감스러운 일이지만, 프랑스로 나간 영국 청년의 태반이 프랑스어를 잘 구사하지 못한다. 그뿐만이 아니라 사람과의 교제 방법도 모르기 때문에 그들은 자기표현을 잘할 수 없고, 당연히 프랑스 사회도 잘 이해하지 못한다. 그 결과 '겁쟁이'가 되고 만다. 어느 사회든 겁쟁이는 좋아하지 않는다. 겁이 많고 자신이 없으면 상대가 남성이든 여성이든 자기 수준 이하의 상대와 사귀게 된다. 무엇을 하든지 본인이 '할 수 없다.'고 생각하면 할 수 없다. '할 수 있다.'고 자기 자신을 타이르면 어떻게든지 할 수 있게 되는 법이다.

인간적으로 유별나게 우수한 것도 아니고 교양도 없는데, 쾌활하고 적극적이고 끈기가 있다는 것만으로 출세한 사람을 너도 본 일이 있을 것이다. 그러한 사람은 남성에게나 여성에게나 거부당하는 일이 없다. 어떠한 어려움이 닥쳐도 좌절하는 일이 없다. 두 번 세 번 넘어져도 다시 일어나 또 돌진한다. 결국 자기가 세운 뜻을 이루어낸다. 너도 이것을 본받으면 좋겠다. 너의 인격과 교양을 가지고 밀고 나가면 훨씬 빨리 그리고 확실히 목표에 도달할 것이다.

끝까지 포기하지 않고 노력하면 길이 열린다

사회에는 재능이 있어야 한다는 것이 첫째 조건이지만, 거기에 더하여 자기 생각을 확실하게 갖고, 그것을 남 앞에서 불필요하게 드러내지 않으며 확고한 의지와 불굴의 끈기가 있으면 무서울 것이 없다. 일부러 불가능에 도전할 필요는 없지만, 가능한 일이라면 갖가지 방법과 수단으로 도전해라. 그러면 어떻게든 길이 열리는 법이다. 한 가지 방법으로 안 되면 다른 방법으로 시도하여 알맞은 방법을 찾아내면 좋다.

역사를 조금 거슬러 올라가 생각해 보면, 강력한 의지와 끈기를 통해 마음먹은 대로 일을 성공한 사람이 꽤 많다는 것을 알게 될 것이다. 예를 들어 마자랭(프랑스의 정치가, 추기경)과 여러 번 교섭한 끝에 피레네 조약을 체결한 재상 돈 루이 드 알로가 그렇다. 그는 타고난 냉정함과 끈기로 교섭을 유리하게 이끌어, 중요한 몇 가지 점에서는 단 한 발짝도 양보하지 않고 합의에 도달케 했던 것이었다.

무엇을 하든지
본인이 '할 수 있다.'고
자기 자신을 타이르면
어떻게든지
할 수 있게 되는 법이다.

아들아
시간을 낭비
인생이 하기에는
너무 짧다

신뢰받을 수 있는
인간관계의
비결

상대로부터
신뢰받을 수 있는
인간이 되어라

항상 침묵 속에 있는 사람은 신에 가까이 가기가 쉽다.
그러나 행동이 가벼운 사람은 쓸데없이 입을 놀리고
곧바로 고독과 초조함을 느낀다.
후회할 일을 삼가려는 결심을 하게 되면 진실에 다가선다.
할 말은 하되 불필요한 말은 삼가야 한다.

_ 탈무드

LetterS 7-1

앞에서 어떠한 사람들과 교제해야 하는가를 이야기했으니, 오늘
은 그 사람들과의 교제에서 어떠한 행동을 하면 좋은가를 이야기
하고 싶다. 나의 오랜 경험을 통해 얻은 결과이다. 네게 도움이 될
것이다.

상대방을 기쁘게 해주려는 마음을 가져라

우선 먼저 말해 두고 싶은 것은, 아무리 훌륭한 사람들과 깊은
우호관계를 맺는다 해도 너에게 상대방을 기쁘게 해주려는 마음
이 없다면 아무런 소용이 없다는 것이다.

너는 언젠가 스위스를 여행하고 있을 때 친절한 대접을 받아 무
척 기뻤다고 편지를 보내온 일이 있었지. 그때 나는 친절하게 대해
준 분들에 게 감사의 편지를 썼고 너에게도 다음과 같은 편지를 써
보냈는데 기억하고 있느냐?

153

"만일 남이 자기에게 마음을 써준 것이 그렇게 기쁘다면 너도 남에게 그렇게 마음을 써주어라. 네가 마음을 써주고 친절하게 해줄수록 상대방도 기뻐하는 법이란다."

이것이 사람과 교제하는 데 필요한 대원칙이 아닐까? 사람은 사랑하는 사람이나 존경하는 친구에 대해서는 스스로 상대방을 염려하고 기쁘게 해주고자 하는 마음이 생겨나는 법이다. 이 마음이 없으면 실제로 남을 기쁘게 해줄 수가 없다. 교제의 원칙은 상대방을 생각하는 마음이다. 그 마음이 있으면 어떤 말과 행동을 취해야 좋은가를 자연히 알게 된다.

사람을 기쁘게 해주고자 하는 마음은 누구나 가지고 있다. 그렇지만 사람과 교제하는 가운데 실제로 사람을 기쁘게 해주는 방법을 가지고 있는 사람은 드물다. 너는 꼭 이것을 알아주기를 바란다. 그렇다고 해서 무슨 특별한 규정이 따로 있는 것은 아니다.

한 가지 내가 말할 수 있는 것은, 남이 나에게 해주어서 기쁜 것도 너도 남에게 해주라는 것이다. 남이 너에게 무슨 일을 해주었을 때 네가 기뻤는가를 잘 생각해 보면 알 수 있다.

너도 똑같은 일을 하면 상대방도 틀림없이 기뻐할 것이다.

혼자서 대화를 독점하지 마라

말을 잘하는 것은 좋지만 혼자서만 이야기하는 것은 좋지 않다. 대화라고 하는 것은 혼자 독점하는 것이 아니다. 너 혼자서, 모든 사람의 몫까지 차지해서는 안 된다. 대화라는 것은 함께 만들어내는 공공의 것이다.

하지만 반대로 네가 그러한 몰지각한 사람에게 붙잡혔을 때, 그것을 참을 수밖에 없는 상태라면 하는 수 없다. 적어도 겉으로는 그 사람에게 주의를 기울이고 있는 척하고 가만히 참아야 한다. 단호하게 거절해서는 안 된다. 그 사람에게 있어서는 네가 가만히 귀를 기울여 주는 것보다 기쁜 일은 없다. 이야기 도중에 등을 돌리거나, 아주 참기 어려운 표정을 짓고 듣는 것만큼 모욕적인 것은 없다. 상대에 따라 적절한 화제를 선택하라.

대화 내용은 될 수 있으면 함께 있는 사람들이 모두 좋아하고 유익한 것을 고르는 게 좋다. 역사 이야기, 문학 이야기, 다른 나라 이야기 등은 날씨 이야기나 옷 이야기, 세간의 시시콜콜한 소문보다 훨씬 유익하고 즐거울 것이다.

가볍고 익살스러운 이야기가 필요할 때도 있다. 내용적으로는 아무 쓸모없는 이야기지만 여러 부류의 사람들이 모였을 때는 공통적인 화제가 가장 적절하다.

상대에 따라서 화제를 선택하라는 말은 새삼스럽게 또다시 너에게 말할 필요는 없을 것이다. 내가 화제 선택하는 법을 가르쳐 주지 않았다고 해서 언제나 똑같은 화제를 똑같은 태도로 꺼낼 만큼 바보는 아닐 테니 말이다. 정치가에게 적합한, 철학자에게는 철학자에게 적합한 화제가 있다. 물론 여성에게는 여성에게 적합한 화제가 있다.

인생은 경험이 풍부한 사람이라면 충분히 알고 상대방에 따라서 자유자재로 빛깔을 달리하는 화제를 택해라. 이것은 교활한 태도도 아니고 야비한 태도도 아니다. 말하자면 인간 교제에 빼놓을 수 없는 윤활제와 같은 것으로 생각해주기 바란다.

자신이 그 장소의 분위기를 조성하는 사람이 되기보다는 주위의 분위기에 자기를 맞추는 편이 좋다. 장소의 분위기에 자기를 맞추는 편이 좋다. 장소의 분위기에 따라서 진지하기도 하고 쾌활하기도 해야 한다.

필요하다면 농담을 하는 것도 바람직하다. 이것은 많은 사람 속에 끼어 있을 때의 에티켓과 같은 것이다.

자기 자신이 일부러 말하지 않더라도 그 사람에게 장점이 있으면 그 장점은 자연히 대화 속에서 스며 나오게 되어 있다. 될 수 있는 대로 의견이 대립하는 화제는 피하는 것이 좋다. 그렇지 않으면 의견을 달리하는 편에서 잠시 험악한 분위기가 될지도 모른다.

의견이 대립하여 논쟁이 심각해지기라도 할 것 같으면 그냥 얼버무리든가 기지를 살려서 그 화제에 종지부를 찍는 게 좋을 것이다.

자신의 이야기는 가능한 한 하지 마라

어떠한 일이 있어도 절대로 해서는 안 되는 행동은, 계속 자기 이야기만 하는 것이다. 이런 일은 가능하면 피하도록 해라. 아무리 훌륭한 사람이라도 자기 이야기를 할라치면 갖가지 가면을 쓴 허영심이나 자존심이 자연히 머리를 들고 나와서 다른 사람들에게 불쾌감을 주는 법이다.

자기 이야기에도 여러 가지가 있다. 화제의 흐름과는 무관한 자기 이야기를 갑자기 아무런 거리낌 없이 꺼내어 결과에는 자기 자랑으로 끝나는 사람이 있는데, 이것은 예의에 어긋나는 일이다. 더욱 교묘하게 자기 이야기를 끌어내는 사람도 있다. 예컨대 마치 자기가 이유 없는 비난을 받고 있는 것처럼 행동하며, 자기의 장점을 열거하면서 자기를 정당화하고 결국은 자기 자랑을 하는 것이다.

똑같은 자기 이야기를 하더라도 좀 더 유치하게 자기를 비하하는 방법을 쓰는 사람도 있다. 이것은 더 어리석은 수작이다. 그런 사람은 먼저 자기는 약한 인간이라고 고백한다. 이런 사람들은 알지 못하고 있다. 그런 식으로 불행을 한탄해 봐도 주위 사람들은 동정하지 않고 힘이 되어주지도 않으며, 다만 난처해하고 당황하게 될 뿐이라는 것을.

그런데 그들은 자신도 바보 같은 짓임을 알면서도 푸념을 할 수밖에 없는 모양이다. 그들도 분명히 알고 있다. 자기처럼 결점투성이의 인간은 성공은커녕 사회에서 순탄하게 살아가기조차 어렵다는 것을. 하지만 알고 있다고 해서 그 버릇을 고치지도 못한다. 너도 곳곳에서 이런 사람을 만나는 일이 있을 것이니 잘 주의해서 살펴보는 것이 좋다.

침묵하고 있어도 장점은 빛난다

이러한 어리석은 행위를 하지 않는 유일한 방법은 자기 이야기를 하지 않는 일이다. 자기의 경력 등 자신의 이야기를 할 수밖에 없는 자리에서도 자기 자랑을 하고 있다고 오해받을 말은 삼가도록 항상 유의하는 게 좋다.

인격이라는 것은 선악과 관계없이 언젠가는 알려지는 법이다. 일부러 스스로 말할 것까지는 없다. 더구나 본인이 자기 입으로 말하면 아무도 그것을 믿지 않을 것이다.

약점을 자기가 먼저 말하면 그 결점은 감출 수 있을 것이라거나, 장점을 드러내면 더 빛날 것이라는 생각은 하지 마라. 그런 짓을 하면 결점은 더한층 두드러지게 나타날 것이고 장점은 희미해져 버린다. 아무 말도 하지 않고 침묵하고 있으면 적어도 점잖다는 생각을 할 것은 확실하다. 더구나 불필요한 질투나 비방이나 비웃음을 받아 정당한 평가가 방해받는 일은 없을 것이다. 그러나 아무리 교묘하게 변장을 하더라도 자기 스스로 그것을 말해버리면 주위 사람이 반감을 사고 생각지도 않은 결과에 실망하게 될 것이다. 그런 일을 방지하기 위해서는 되도록 자기 이야기를 하지 않는 것이 좋다.

경거망동하지 말고
중심을 잡고
행동해라

무엇을 생각하고 있는지 알 수 없는 사람이나 성격이 아주 어두워 보이는 사람이 있는데, 그것도 칭찬받을 일은 못 된다. 무엇보다도 안색이 좋지 않아 공연한 오해를 받기 쉽다. 그리고 무엇을 생각하고 있는지 알 수 없는 사람에게는 아무도 자신의 속마음을 이야기하지 않을 것이다.

능력 있는 사람은 내면은 신중하더라도 그것을 겉으로 나타내지 않아, 외면적으로는 누구와도 손쉽게 친해져 친절하고 영리한 것처럼 행동하는 법이다. 자기 본심은 굳게 지키겠지만, 언뜻 보기에는 개방적인 것처럼 보이게 함으로써 상대방의 방어를 풀어버린다.

자신을 굳게 지켜야 하는 이유는, 부주의하게 아무 말이나 함부로 지껄이다 보면 그 말이 어딘가에 인용되어 자기들 편리한 대로 이용되기 때문이다.

상대의 말은 귀가 아니라 눈으로 듣는다

말을 할 때나 들을 때는 언제나 상대방의 눈을 보아야 한다. 말하고 있는 상대방의 눈을 쳐다보지 않는 것만큼 예의에 어긋나는 일은 없다. 천장을 쳐다보거나 창문 밖을 내다보거나 탁자 위에 놓인 담배통을 만지작거리거나 한다면, 지금 자신에게 말하고 있는 사람보다 중요하다고 공개적으로 말하는 것이나 다름없다.

조금이라도 자존심이 있는 사람이라면 그런 행동에 화를 내거나 몹시 언짢아할 일이다. 이런 취급을 받고도 자존심이 상하지 않을 사람은 없을 것이다.

상대방의 눈을 보지 않는다는 것은 상대방의 기분을 상하게 하는 것으로 끝나지 않는다. 그것은 자기의 말이 상대방에게 어떻게 받아들여지고 있는가를 관찰할 기회를 스스로 포기하는 것과 같다. 상대방의 마음을 읽으려면 귀보다는 눈에 의지하는 편이 낫다고 나는 생각한다. 생각하고 있지 않은 것을 입으로 말하기는 쉽지만, 눈에 나타내기는 극히 어려운 일이기 때문이다.

다른 사람을 헐뜯지 마라

다음에 당부하고 싶은 것은 남의 나쁜 소문에 귀를 기울이거나 그것을 퍼뜨리는 일은 절대 하지 말라는 것이다. 당장은 즐거울지도 모른다. 그러나 냉정하게 생각해보면, 그런 짓은 아무런 득이 될 수 없다는 것을 알게 될 것이다. 남을 헐뜯으면, 헐뜯은 그 사람이 비난받게 될 뿐이다.

너무 지나치게 큰 소리로 웃는 것도 좋지 않다. 큰 소리로 웃는 것은 다른 데서는 기쁨을 발견하지 못하는 어리석은 사람이 하는 것이다. 진짜로 기지가 풍부한 사람, 분별력 있는 사람은 결코 남을 바보같이 웃게 하거나, 자기도 바보같이 웃거나 하지 않는다.

바보스러운 웃음은 참으려고만 하면 약간의 노력으로 간단하게 참을 수 있다. 사람들이 그런 웃음을 짓는 것을 참지 않는 이유는 대부분이 웃음이란 쾌활하고 즐겁고 좋은 것으로 생각하는 고정관념에 사로잡혀 있기 때문이다. 그래서 그것이 아주 바보스러운 짓임을 깨닫지 못하고 있는 것이다. 그러니 웃을 때에도 기품 있게 절제하여 웃는 것이 좋다.

상대방에 대한 배려를 기억해라

친구를 칭찬할 때는 널리 알도록 하고
친구를 책망할 때는 남이 모르게 한다.

_독일속담

남을 화나게 하기보다 기쁘게 하고 싶고, 욕을 얻어먹기보다 칭찬을 받고 싶고, 미움을 받기보다 사랑을 받고 싶으면, 항상 상대방에 대한 배려를 잊어서는 안 된다.

상대방을 배려하기 위해서는 먼저 상대를 잘 관찰해야 한다.

예를 들어 사람에게는 제각기 약간의 버릇이라든가, 취미, 좋고 싫음과 같은 것이 있다. 먼저 그것을 유심히 관찰하는 것이다.

그리하여 좋아하는 것을 그의 눈앞에 내놓고, 싫어하는 것을 감춘다. 그러면 자연스러운 배려가 상대방의 마음을 열게 한다.

이와는 반대로, 싫어하는 것을 알고 있으면서도 부주의로 그것을 내놓는 일 따위를 한다면 결과는 명백하다. 상대방은 무시당했다고 오해하거나 푸대접받았다고 생각하여 언제까지나 언짢은 감정을 품게 될 것이다.

아주 사소한 것이라도 좋다. 사소한 것이면 사소한 것일수록 상대방은 특별한 배려를 느끼며, 훌륭한 배려를 해줄 때보다 더 감격하는 법이다.

Letters 7 신뢰받을 수 있는 인간관계의 비결

Letters 2-2

너도 아주 사소한 배려가 얼마나 기뻤던가를 기억해보렴. 인간이라면 누구나가 가지고 있는 허영심이 그 일로 인해 얼마나 만족하게 되었는가를. 그것뿐이 아니다. 오직 그 사소한 배려 하나로 인해 그 이후 그 사람에게 호의를 갖게 되고, 그 사람이 하는 행위 모두를 호의로 받아들이게 되지 않는가? 인간이란 그런 것이다.

상대방이 칭찬받고 싶어 하는 것을 칭찬해라

특정한 사람의 마음에 들고 특정한 사람과 친구가 되려고 생각한다면 그 사람의 장점과 단점을 찾아내서, 그 사람이 칭찬받고자 하는 것을 칭찬하는 방법도 있다.

사람에게는 실제로 우수한 부분과 우수하다고 인정을 받고 싶은 부분이 있는 법이다. 우수한 부분을 칭찬받는 것은 기쁘지만, 그 이상으로 기쁜 것은 우수하다고 인정받고 싶은 것을 칭찬받는 일이다. 이보다 더 자존심을 만족하게 해주는 것은 없다고 해도 좋다.

예를 들어 당시의 정치가로서는 뛰어난 재능을 가지고 있었던 추기경 리슐리외의 경우를 되새겨 보기 바란다.

그는 정치가로서의 명성에 만족하지 못하고 시인으로서도 누구보다도 우수하다고 인정받고 싶다는 부질없는 허영심을 가지고 있었기 때문에 위대한 극작가 코르네유(프랑스의 극작가, 시인)의 명성을 질투하여 다른 평론가로 하여금 억지로 '르 시드(Le cid)'의 비평을 쓰게 했다. 이것을 본 아부 잘하는 자들은 리슐리외의 정치 수단에 관해서는 거의 언급하지 않거나 극히 형식적인 범위에서 언급하고, 그보다는 시인으로서의 재능을 몹시 칭찬했던 것이다.

그들은 그렇게 하는 것이 그로 하여금 자신들에게 호의를 갖게 하는 최고의 약이라는 것을 알고 있었던 것이다. 리슐리외는 정치 수단에는 자신이 있었지만, 시인으로서의 재능에는 자신이 없었기 때문이다.

어떠한 사람도 남으로부터 칭찬을 받고 싶어 하는 측면이 있다.

그것을 발견하기 위해서는 유심히 관찰하는 것이 제일이다. 그 사람이 즐겨 화제로 삼는 것을 주의해서 관찰하면 된다. 대개는 자기가 칭찬을 받고 싶은 것, 우수하다고 인정받고 싶은 것을 가장 많은 화제로 올리는 법이다. 그곳이 급소이다. 그곳을 찌르면 상대방을 공략할 수 있다.

뒤에서 칭찬받는 것보다 기쁜 것은 없다

상대방을 가장 기쁘게 하는 칭찬 방법은, 조금 전략적이기는 하지만 뒤에서 칭찬하는 일이다. 그렇다고 해서 다만 뒤에서 칭찬만 하는 것으로는 의미가 없다. 그것이 칭찬한 상대방에게 확실히 전해져야 한다.

그래서 중요한 것은 칭찬한 것을 전해줄 사람을 선정하는 일이다. 그 말을 전달함으로써 득을 볼 사람을 찾으면 된다. 그렇게 하면 확실히 전해줄 뿐만 아니라, 어쩌면 과장해서 칭찬해줄지도 모른다. 남에 대한 찬사 중에서 이보다 더 기쁜 것, 효과적인 것은 없다고 해도 지나친 말이 아니다.

이제까지 말해 온 것들은 앞으로 사회생활의 첫발을 내딛게 되는 네가 기분 좋은 교제를 하는 데 필요한 것들이라고 생각해도 좋다.

　나도 네 나이 때 이런 것들을 알고 있었더라면 얼마나 좋았을까? 나는 이 정도의 것을 아는 데 35년의 세월이 걸렸다. 그렇지만 지금 네가 그 열매를 거두어준다면 후회는 없다.

진정한
친구가 많아야
최고의 강자다

자기 자신을 존중함과 같이 남을 존중해야 한다.
남이 자기 자신에게 해주기를 원하는 것을
남에게 해줄 수 있는 사람은
진정한 사랑을 아는 사람이다.
이 세상에 그보다 가치 있는 것은 없다.
이것이 처세에서 최상의 비법이다.

_공자

Letters 7-4

이 세상에 적이 없는 인간은 없고, 모든 사람에게 사랑받는 사람
도 없다. 그러나 그렇다고 해서 사랑받으려는 노력조차 할 필요가
없다는 말은 아니다.

나의 오랜 경험으로 말하자면, 친구가 많고 적이 적은 사람이 이
세상에서 가장 강한 사람이다. 그런 사람은 원한을 사거나 질투를
받는 일이 좀처럼 없으므로 누구보다도 빨리 출세하게 된다. 또한
만일 몰락하게 되더라도 사람들의 동정을 받아 품위 있게 몰락한다.

그런 면에서 생각해 본다면 친구가 많고 적이 적다는 것은 항상
마음에 새겨두고 노력해 볼 가치가 있는 하나의 목표가 될 수도 있
지 않겠니?

사람은 머리가 아니라 배려로 자신을 지킨다

너는 혹시 이미 세상을 떠난 오몬드(아일랜드의 정치가) 공작의

Letters 7 신뢰받을 수 있는 인간관계의 비결

171

이야기를 들은 일이 있느냐? 머리는 나빴지만, 예의범절에 관해서는 그보다 앞선 사람이 없어. 이 나라에서 제일가는 인품을 자랑했던 분이다. 본래 친절하고 상냥한 성격인 데다가 궁정 생활과 군대 생활에서 몸에 익힌 유연한 말과 행동, 자상한 배려심이 있었다.

그 매력은 그의 무능력(거의 모든 분야에 걸쳐서 무능력에 가까웠다.)을 보충하고도 남을 정도이다. 누구에게도 유능하다는 평가는 받지 못했으나 누구에게서든 사랑을 받았다.

그 인품이 어느 정도였는지 뚜렷하게 나타난 때는, 앤 여왕이 죽은 후 불온한 움직임을 보인 사람들이 탄핵 재판을 받게 되었을 때, 그들의 행위에 동조했다는 혐의로 오몬드 공작에 대해서도 형식상 같은 처벌을 할 필요가 생겼을 때였다. 당시 정당 간의 치열한 다툼에도 그는 탄핵을 받긴 했지만, 그것은 공작을 철저하게 몰락시키려는 신랄한 태도와는 아주 거리가 먼 것이었다. 즉 오몬드 공작 탄핵 결의안은 다른 사람에 대한 탄핵안보다도 훨씬 적은 찬성표로 상원을 통과했다. 그리고 탄핵의 주동자이기도 했던 당시의 국무대신 스탠호프(영국의 군인이며 정치가, 후에 백작이 됨)가 앤 여왕의 뒤를 이은 조지 1세와 재빨리 교섭하는 등 조정에 나서, 다음 날은 공작을 왕에게 접견시킨다는 계획까지 세워놓았다. 그때 오몬드 공작을 빼앗겨서는 이 소송에 이길 수 없다고 판단한 스튜워트 왕조 부활파의 로체스터 주교는 급히 이 머리 나쁜 공작에게로 달려가서 "조지 1세와 접견해 봤자 불명예스러운 복종을 강요당할 뿐 용서받을 수 없다."고 장담하여 오몬드 공작을 도망치게 했던 것이다.

그 후 오몬드 공작의 특권 박탈이 가결되었을 때도 그에 항의하는 대중이 치안을 문란케 하는 등 대소동이 있었다. 공작에게 적은 없었던 반면 호감을 느끼고 있는 사람이 몇천 명이나 있었기 때문이다.

이런 일도 모두 그 근본 원인은 공작이 남을 기쁘게 해주고자 하는 자연스러운 마음씨를 가지고 있었고, 그것을 경험으로 실천했기 때문이었다.

사랑받고자 하는 노력을 게을리하지 마라

내 지금까지 살아온 40년 이상의 경험을 가지고 20세부터 인생을 다시 산다면 나는 인생 대부분을 될 수 있는 대로 많은 사람으로부터 사랑받도록 노력을 하는 데 쏠 것이다.

내가 지금까지 만난 사람 중에는 겉으로 보기에는 아름답지만 조금도 내 마음을 붙잡지 못하는 여성, 사리분별은 있는데 아무리 해도 좋아지지 않는 사람이 많이 있었다. 왜 그런지 너는 알 것이다. 그 사람들은 자기의 아름다움과 능력에 자신이 있었기 때문에 사람의 마음을 붙잡는 기술을 몸에 익히는 것을 게을리했던 것이다. 정말로 얼마나 큰 잘못이냐?

나는 별로 아름답다고는 말할 수 없는 여성과 사랑을 한 일이 있다. 그러나 그 여성은 기품이 넘치고 남을 기쁘게 하는 기술, 마음을 붙잡는 기술을 잘 알고 있었다. 나는 내 생애에서 그녀와 사랑했을 때만큼 열중했던 일은 없었던 것 같다.

지금까지 살아온 40년 이상의 경험을 가지고
20세부터 인생을 다시 산다면
나는 인생 대부분을 될 수 있는 대로
많은 사람으로부터 사랑받도록
노력을 하는 데 쓸 것이다.

아들아
시간을 낭비
인생이 하기에는
너무 짧다

사람의 마음을
얻는 법을 배워라

골격과 장식이
어우러진 아름다운
건축물

인간의 인격은 항시 스스로 나타난다.
가장 순식간의 행위와 말
일신상의 의도가 인격을 나타낸다.

_에머슨

아들아, 너라고 하는 작은 건축물도 이제 그 골조가 거의 완성되어 가고 있다. 남은 일은 아름답게 마무리하는 것이다. 그것이 너의 임무이며, 또 나의 관심사이다. 너는 온갖 우아함과 소양을 몸에 지녀야 한다. 그것들은 골조가 확고하게 되어 있지 않으면 값싼 장식에 불과하지만, 골조가 단단해져 있으면 건축물을 돋보이게 한다. 사실 건축물에서 아무리 골조가 단단하다 해도 아무런 장식이 없으면 매력이 반감되기도 한다. 그러므로 골조를 단단히 하되, 우아함, 매너, 소양 등을 하찮게 여겨서는 안 된다.

우아함과 견고함을 함께 갖춘 건축물이 되어라

토스카나식 건축물이라는 것을 알고 있겠지? 모든 건축 형식 중에서 가장 견고한 양식이다. 하지만 동시에 가장 세련되지 못하고 멋이 없는 양식이기도 하다. 튼튼하다는 점에서 말하자면 건축물의 기초나 토대에는 안성맞춤이라고 할 수 있지만, 모든 건축물을 이런 양식으로 세워버린다면 어떻게 될까?

그 건물에 매력을 느끼는 사람은 아무도 없을 것이다. 그 앞에서 발길을 멈추는 사람도, 안으로 들어가는 사람도 없을 것이다. 건물의 정면이 멋없고 딱딱하니 나머지는 가히 짐작할 수 있겠지. 사람들이 일부러 안으로 들어가서 마무리나 장식을 볼 필요가 없다고 생각하는 것도 무리가 아니다.

그런데 토스카나식의 토대 위에 도리스식이나 이오니아식, 코린트식의 기둥이 늘어서서 아름다움을 겨루고 있다면 어떨까? 건축 따위에는 전혀 흥미가 없는 사람이라도 무의식중에 눈을 빼앗기고, 아무 생각 없이 지나가던 사람이라도 자기도 모르게 발길을 멈출 것이다. 그리고 안을 들여다보고 싶어 할 것임이 틀림없다.

재능을 갈고 닦아 자신을 돋보이게 해라

여기에 한 사람이 있다. 지식이나 교양 면에서 딱히 내세울 만하지는 않지만, 인상이 좋고 말하는 솜씨에도 호감이 간다. 말하는 것, 행동하는 것에 모두 품위가 있고 정중하고 붙임성이 있다. 말하자면 그는 자기 자신을 돋보이게 하는 재능이 뛰어난 인물이다.

180

여기에 또 한 사람이 있다. 지식이 풍부하고 판단력도 정확한 사람이다. 그렇지만 앞에서 말한 사람에게 있던 자신을 돋보이게 하는 재능은 빠져 있다. 그다지 품위 있지도, 정중하거나 붙임성이 있지도 않다.

이 둘 중에서 과연 어느 쪽 사람이 세상의 풍파를 더 잘 헤치고 나갈 수 있을까?

별로 현명하다고는 할 수 없는 사람들의 마음을 붙잡는 것은 언제나 겉모습이다. 그들에게는 예의범절이나 몸가짐이나 사람을 대하는 방법이 전부이다. 그 이상 안은 보려고 하지 않는다. 그렇지만 솔직히 말해 그것은 현명한 사람도 마찬가지이다. 현명한 사람도 눈이나 귀에 거슬리는 것, 마음을 움직이지 않는 것에 대해서는 머리로 따라가지 않는 법이다.

언제 어디서나 품위를 잃지 마라

사람의 마음을 붙잡고 싶다면 먼저 오감에 호소하는 것이 중요하다. 눈을 즐겁게 하고 귀를 즐겁게 해야 한다. 그렇게 해서 이성적인 면까지 사로잡고 마음을 빼앗는 것이다.

그런 의미에서는 언제 어디서나 품위를 유지하라고 말하고 싶다. 똑같은 일이라도 품위를 느낄 수 있는 것과 그렇지 않은 것은 받아들이는 데 있어 하늘과 땅만큼 차이가 있다.

잠깐 생각해 봐라. 대답하는 것이 침착하지 못하고, 옷차림도 단정치 못하고, 말도 더듬거리거나 작은 목소리로 우물쭈물하거나, 동작에도 주의가 부족한 사람을 맨 처음 만났다면, 너는 그에 대해 어떤 인상을 받겠느냐?

그 사람에 대해서 아무것도 모르고 있는데도, 그 사람의 내면까지 상상해 볼 마음의 여유도 없이 그 사람을 마음속에서 거부해 버리게 되지는 않을까?

그런데 그와는 반대로 말과 행동 모두에 신경을 쓰고 있어 품위를 느낄 수 있으면 어떨까? 그의 내면은 알지 못한다 해도 처음 본 순간에 마음을 빼앗겨, 그에게 호의를 갖게 되지는 않을까?

무엇이 그렇게 사람의 마음을 끄는지를 설명하는 것은 어렵다. 그렇지만 한 가지 말할 수 있는 것은 산뜻한 옷차림, 부드러운 몸짓, 절도 있는 태도, 듣기 좋은 목소리, 구김살 없고 그늘이 없는 표정, 분명한 말솜씨 등 사소해 보이는 것 하나하나가 사람의 마음을 사로잡는 요소임이 틀림없다. 적어도 나는 그렇게 생각하고 있단다. 아들아.

우아함과 견고함을
함께 갖춘
건축물이 되어라.

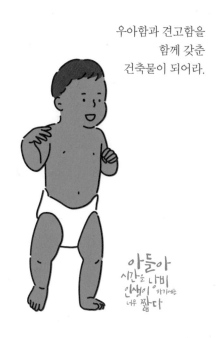

아들아
시간을 나비
인생이 하기에는
너무 짧다

타인의 장점을
나의 것으로
만들어라

물러나서 조용하게 구하면
배울 수 있는 스승은 많다.
사람은
가는 곳마다
보는 것마다
모두 스승으로서 배울 것이 많은 법이다.

_맹자

사람의 마음을 사로잡는 행동은 누구나 몸에 익힐 수 있다. 훌륭한 사람들을 주의해서 관찰하고, 그들이 하는 행동을 배워 내 것으로 만들면 된다.

우선 처음 보았을 때, 왠지 모르게 호감을 느끼게 되는 사람이 있다면, 자신을 끌어당기는 말과 행동을 잘 관찰하여 무엇이 그렇게 좋은 인상을 주고 있는가를 생각하기 바란다.

대개는 여러 장점이 한데 어우러진 경우가 많지만, 그 하나하나는 겸손하지만 당당한 태도일 수도 있고, 비굴하지 않게 경의를 표시하는 방법이기도 하고, 우아한 몸의 움직임이나 절도 있는 옷차림일 수도 있다.

여하튼 그의 장점이 무엇인지 알았다면 우선 흉내를 내라. 그러나 그럴 때 자신의 개성까지 버리고 단지 흉내만 내서는 안 된다. 위대한 화가도 처음에는 다른 화가의 작품을 본떠서 그리듯이, 아름다움이라는 관점에서나 자유라고 하는 관점에서나, 결코 원작보다 뒤떨어지지 않도록 공들여서 모방해야 한다.

상대방의 호감을 관찰하여 흉내를 내라

많은 사람으로부터 예의범절도 훌륭하고 호감을 느낄 수 있는 인물이라고 인정받는 사람을 만나면, 그 사람을 주목하여 주의 깊게 관찰하기 바란다.

윗사람에게는 어떤 태도로 말하고 행동하는가, 지위가 같은 사람과는 어떻게 교제하는가, 지위가 낮은 사람은 어떻게 다루는가를 주의 깊게 관찰하면 좋다. 오전에 사람을 만났을 때는 어떤 이야기를 하고 저녁모임에서는 어떤지 등을 잘 관찰하여 그대로 해 보는 것이다.

그렇게 노력하는 동안, 그 사람은 남을 가볍게 취급하거나 무시하지 않고 자존심이나 허영심에 상처를 주는 일도 절대로 하지 않는다는 것을 알게 될 것이다. 그와 동시에 상대방의 마음을 기쁘게 붙잡고 있다는 것도 알게 될 것이다. 결국 뿌리지 않은 씨는 자라지 않는 법이다. 호감을 느낄 수 있는 인물도 정성을 다해 씨를 뿌려 풍성하게 맺은 열매를 수확하고 있는 것에 불과하다. 호감을 얻을 수 있는 언행은 실제로 흉내를 내고 있는 동안 반드시 몸에 익힐 수 있다. 그것은 현재의 자기를 뒤돌아보면 쉽게 알 수 있다. 현재의 자기의 반 이상은 흉내로 이루어져 있는 것은 아닐까? 중요한 것은 좋은 예를 선택하는 일, 그리고 무엇이 좋은가를 판별하는 일이다.

인간이라는 것은 평소 자주 이야기를 나누는 상대의 분위기, 태도, 장점, 단점뿐만 아니라 사고방식까지 무의식중에 받아들이는 법이다. 내가 알고 있는 것도 아닌데, 평소에 현명한 사람들과 교제하고 있기 때문에 생각지도 못한 멋있는 기지를 발휘할 때가 있다.

너도 내가 항상 말하는 것처럼 훌륭한 사람들과 교제한다면 자신도 모르는 사이에 그들과 똑같아질 것이다. 거기에 집중력과 관찰력이 더해지면 금상첨화일 것이다.

주위에 느낄 수 있는 사람이 없다면 어떻게 할까? 그럴 때는 누구든지 좋으니 자기의 주변에 있는 사람을 차분히 관찰할 일이다. 아무리 훌륭한 사람도 장점만을 가질 수 없듯이 아무리 쓸모없어 보이는 사람도 반드시 한 가지는 좋은 점을 가지고 있다. 그것을 따라 하면 좋다. 그리고 좋지 않은 부분은 타산지석으로 삼으면 된다.

호감을 얻는 사람과 그렇지 못한 사람의 차이는 무엇인가? 그것은 말과 행동의 내용은 똑같아도 태도가 전혀 다른 것이며, 그것이 바로 호감을 얻게 되는 이유이기도 하다. 세상에서 인기가 있는 인물도, 품위를 전혀 느낄 수 없는 인물도, 말하고 움직이고 옷을 입고 먹고 마시는 것은 마찬가지다. 다만 다른 것이 있다면 그 방법과 태도이다.

다른 사람의 마음을 사로잡는 방법

글을 읽는 것은 집안을 일으키는 근본이요
도리를 따르는 것은 집안을 보존하는 근본이다.
근검은 집안을 다스리는 근본이요
온화하고 유순한 표정은 집안을 정제하는 근본이다.

_명심보감

실제로 사람의 마음에 호소하려면 어떻게 하면 좋을까? 이것에 대해 다음에 몇 가지 항목으로 정리해본다. 너에게 참고가 될 수 있다면 좋겠구나.

멋진 태도로 품위 있게 행동해라

얼마 전에 너를 항상 칭찬해주시는 하비 부인의 편지를 받았다. 네가 어떤 모임에서 춤을 추고 있는 것을 보았는데, 아주 우아하고 아름다운 몸놀림이었다는 것이 그 편지의 사연이었다. 나는 대단히 기뻤다. 춤을 우아하고 아름답게 출 수 있다면, 일어서는 것도, 걷는 것도, 앉는 것도 우아하게 할 수 있음이 틀림없다고 생각했기 때문이다.

선다, 걷는다, 앉는다는 것은 동작으로서는 단순할지 몰라도 사실 춤을 추는 것보다 훨씬 중요한 일이다. 내가 아는 사람 가운데

춤은 서툰데 몸동작이 아름다운 사람은 있지만, 춤은 잘 추는데 몸동작이 흉한 사람은 한 사람도 없다.

한편, 멋지게 일어서거나 멋지게 걸을 수 있는 사람들은 꽤 있지만, 멋지게 앉을 수 있는 사람은 많지 않다. 사람 앞에 나가면 위축되어 버리는 사람이 있는가 하면, 부자연스럽게 등을 세우고 딱딱한 자세로 앉는 사람도 있다. 조심성 없는 성격의 사람은 의자에 온 체중을 맡기듯 기대어 앉는다. 이런 자세는 친밀한 사이가 아니면 좋은 인상을 주지 못한다. 멋지게 앉으려면 우선 마음을 편하게 가지고 겉으로 그렇게 보이도록, 온 체중을 의자에 맡기지 말고 편안히 앉아라. 몸을 딱딱하게 하여 부동의 자세를 취하는 것이 아니라 힘을 빼고 자연스럽게 말이다.

극히 사소한 동작의 아름다움이 여성뿐만 아니라 남성의 마음마저 사로잡는 것이다. 그것은 직장에서도 마찬가지다. 우아한 동작이 얼마나 사람의 마음을 사로잡는지 명심해야 한다. 예를 들어 한 여성이 부채를 떨어뜨렸다고 하자. 유럽에서 가장 우아한 사나이나 가장 우아하지 않은 사나이나 그것을 주워 건네주는 데는 다를 바가 없다. 그렇지만 그 결과에는 큰 차이가 있다. 우아한 사나이는 감사의 답례를 받지만, 우아하지 못한 사나이는 그 동작이 어색하여서 웃음거리가 되어버린다.

우아한 동작을 하는 것은 공공장소에 국한된 것은 아니다. 일상의 장소에서도 마찬가지이다. 작은 일을 우습게 여기면 막상 하려고 할 때 제대로 할 수가 없다. 커피 한 잔을 마시더라도 찻잔 속에서 커피가 출렁거리는 일이 없도록 해라.

옷차림에서도 그 사람의 인격이 드러난다

너도 이제 네 옷차림에 대해 신경을 써야 할 나이가 되었다. 나는 옷차림을 보면 그 사람의 인품을 상상하게 된다. 다른 사람들도 그렇지 않을까?

나의 경우, 복장에서 조금이라도 뽐내는 느낌이 들면 그 사람의 사고방식도 조금 비뚤어져 있는 것이 아닌가 하고 생각한다. 예를 들어 거창하게 차려입는 것을 좋아하여 화려한 복장을 한 사람을 보면, 내용이 없음을 감추려고 일부러 위압적인 차림을 한 것 같아 기분이 나빠진다.

한편 옷차림에는 전혀 신경을 쓰지 않아 궁정 사람인지 마부인지 구별을 할 수 없는 옷차림을 한 사람도, 또한 그 내면을 의심하지 않을 수 없다.

분별이 있는 사람은 복장에 개성이 나타나지 않도록 마음을 쓰는 법이다. 자기만 특별하게 눈에 띄는 옷차림을 하지 않는다. 그 지역의 지식이나 그 사회의 사람들과 비슷한 옷차림을 한다. 옷차림이 지나치게 화려하면 들떠 보이고, 초라하면 복장에 신경을 쓰지 않는 것이 되어 실례가 된다.

내 생각으로는 젊은이는 초라하기보다는 조금 화려한 정도가 좋다. 화려한 옷차림은 나이가 들면 조금 수수해지지만, 지나친 무관심은 비참하다. 40세에는 사회에서 밀려나는 자가 되고, 50세에는 남이 싫어하는 자가 되어버린다. 그러므로 주위 사람들이 화려한 옷차림을 하고 있을 때에는 자신도 화려하게, 간소하게 하고 있을 때에는 자신도 간소하게 입는 것이 좋다. 다만 언제나 바느질이 잘된 옷과 몸에 꼭 맞는 옷을 입어라. 그렇지 않으면 부자연스럽고 어색한 느낌이 든다.

또 일단 그날의 복장을 결정하고 그 옷을 입었으면, 두 번 다시는 복장에 대해서 생각하지 마라. 콤비네이션이 이상하지 않은가, 색깔이 잘 맞지 않는가 등을 생각하고 있으면 동작이 딱딱해진다. 일단 입고 난 후에는 옷에 신경 쓰지 말고 아무것도 몸에 걸치고 있지 않은 것처럼 자연스럽고 기분 좋게 행동해라.

그리고 헤어스타일에도 신경을 써야 한다. 머리 모양은 복장의 일부이다. 또 너는 양말을 흘러내리게 신고 있거나 구두끈을 매지 않고 신는 일은 없겠지? 칠칠치 못한 발만큼 점잖게 보이지 않는 것은 없으니 말이다.

남에게 좋은 인상을 주려면 청결이 특히 중요하다. 너는 손이나 손톱을 항상 깨끗하게 하고 있느냐? 이는 매일 식사 후마다 반드시 닦고 있느냐? 이는 특히 중요하다. 언제까지나 자기 이로 음식을 씹을 수 있게 하기 위해서도, 저 견디기 어려운 치통을 앓지 않기 위해서도 주의를 게을리해서는 안 된다. 게다가 이가 나빠지면 고약한 냄새가 나기 때문에 주위 사람들에게 실례가 된다.

너는 아주 좋은 치아를 가지고 있는 것 같은데, 나는 그렇지 못하단다. 젊었을 때부터 주의를 게을리했기 때문에 지금은 엉망이다. 식사를 끝냈을 때마다 따뜻한 물과 부드러운 칫솔로 4~5분간 닦고, 매일 5~6회 양치질하는 습관을 들이면 좋다. 치열에 대해서는 그곳에 유명한 전문가가 있다고 들었다. 당장 찾아가서 이상적인 치열이 되도록 교정해 달라고 해라.

표정을 연마하면 마음도 저절로 연마된다

보통 사람은 조금이라도 자기 용모에 만족스럽지 않은 점이 있으면 그것을 숨기고 보충하려고 필사적인 노력을 하는 법이다. 그다지 잘생기지 못한 용모로 태어난 사람이라면 더욱 그렇다. 조금이라도 좋게 보이려고 고상하게 행동하고, 상냥하게 미소를 지어 보이기도 하고, 눈물겨울 만큼 노력한다.

내가 알고 있는 어떤 젊은이는 국회의원으로 처음 선출되었을 때, 자기 방에서 거울을 보고 표정과 동작 연습을 하는 것을 들켜서 웃음거리가 된 적이 있다. 그러나 나는 웃을 수가 없었다. 오히려 그 젊은이는 웃고 있는 사람들보다 훨씬 사리판단을 잘하고 있다고 생각되었다. 공공장소에 나갔을 때 표정과 동작이 얼마나 중요한가를 그는 알고 있었다.

눈언저리에는 항상 상냥한 표정이 떠올리도록 해라. 그리고 전체적으로 미소 짓고 있는 듯한 표정이 좋다. 훌륭한 수도사의 표정을 떠올리면 어떨까? 선의가 넘치고, 자애가 가득 차고, 엄숙한 가운데서도 열의가 담긴 표정은 사람의 마음을 끌어당기는 매력을 가지고 있다고 생각하는데, 어떠냐? 물론 표정만 좋다고 해서 전부는 아니다. 대개 사람은 마음이 뒤따르고 있다. 그래서 그들의 표정이 사람들의 마음을 사로잡아 호감을 느끼고 받아들여지는 것이다.

아들아
시간을 나비
인생이 하기에
너무 짧다

남에게 호감을
살 수 있도록
노력해라

집안에 예의가 있으므로 어른과 아이의 분별이 있고
가정에 예의가 있으므로 집안이 화목하다.
조정에 예의가 있으므로 벼슬에 차례가 있고
사냥에 예의가 있으므로 병사가 숙련되고
군대에 예의가 있으므로 무공이 이루어진다.

_공자

바로 지금이야말로 너라는 건축물에 아름다운 장식을 달 때이다. 지금 몸에 익히지 못하면 평생 그것을 익히기 어려울 것이다. 그러므로 다른 일들은 모두 뒤로 돌리고 지금은 이 일에만 몰두해야 할 것이다. 튼튼한 틀과 매력적인 장식이 합쳐진다면 그보다 훌륭한 것은 없다.

내가 이런 편지를 써서 너에게 외면을 장식하라고 열심히 타이르고 있는 것을 안다면, 융통성이 없는 사람이나 세상을 등진 현학적인 사람들은 어떻게 생각할까? 아마 몹시 경멸하는 얼굴을 하고, "아버지가 자식에게 주는 교훈이라면 그보다 좋은 것이 얼마든지 있을 텐데요." 하고 말할 것임이 틀림없다.

아마도 그들의 사전에는 '남에게 호감을 주는' 등의 말이 없을 것이다. 그렇지만 현실적으로 이 말이 존재한다는 것은 사람들이 그만큼 '호감을 산다.'는 것을 화제로 삼고, 그것에 관심을 두며, 그것을 바라고 있음을 보여준다. 이는 결코 무시하여 웃어넘길 일이 아니다.

예의범절에 대해서

평소 생각하고 있는 일이지만, 세상 젊은이들 가운데 그처럼 예의가 없고 보기 흉한 인간이 많은 것은 그 부모들이 예의범절을 가볍게 보고 있거나 그런 일에 전혀 관심이 없거나, 둘 중 하나일 것이다.

그들은 기초 교육과 대학교육, 그리고 유학 등 교육을 다 시키기는 한다. 그런데 자식들에게 무관심하고 부주의하거나, 각 교육 과정에서 자기 자식이 어떻게 성장하고 있는가를 관찰하지 않거나, 혹은 관찰했다 해도 관찰한 내용을 판단하지 않고 속절없이 세월만 보내고 있는 것이다.

그런 젊은이들은 다른 아이들과 마찬가지로 분명 학교에 다니면서 교육을 받고 있지만, 잘하고 있는 것은 아니다. 그들은 학창 시절에 몸에 익힌 어린아이 같은 장난을 그만두지 않는다. 대학에서 몸에 익힌 편협한 태도를 바꾸지 않는다. 유학 중에 몸에 익힌 거만한 태도를 고치지 않는다. 그런 것은 부모가 지적해 주지 않으면 달리 주의를 시킬 사람이 없다.

앞에서도 여러 번 이야기했지만, 자식의 예의범절이나 사람을 대하는 태도를 이러쿵저러쿵 말할 수 있는 사람은 아버지뿐이다. 그것은 자식이 어른이 되어서도 마찬가지다.

너는 나와 같이 충실하고 우호적이며 눈이 밝은 감시자를 가지고 있어서 다행이다. 나의 눈을 피할 수 있는 것은 없다. 너에게 결점이 있으면 그것을 재빠르게 발견하여 고치도록 지시한다. 장점이 있으면 재빠르게 발견하여 박수를 보낸다. 그것이 부모로서 나의 임무라고 생각한다.

언행은 부드럽게, 의지는 굳건하게

의문이 생겼을 경우
지금까지 품고 있던 의견에
구애받기 쉽다.
먼저 이전에 품은 선입관을 씻어 없애고
새로운 의미를 생각하도록 힘써야 한다.

_근사록

언젠가 전에도 편지에 네게 같은 말을 하면서, 항상 그 말을 기억하고 행동하길 바란다고 쓴 적이 있었는데, 기억하고 있느냐? 그것은 '언행은 부드럽게, 의지는 굳건하게'라는 말이다. 이 말만큼 인생의 모든 경우에 활용할 수 있는 말은 없다고 해도 좋다.

오늘은 이 말에 관해서 나이 든 설교사가 된 셈 치고 설교해 보겠다. 먼저, 이 말을 구성하는 두 가지 요소 '언행은 부드럽게'와 '의지는 굳건하게'에 관해서 설명한 다음 두 가지 요소가 하나가 되었을 때 어떠한 효과를 가져오는지에 대해서, 그리고 마지막으로 실천에 대해서 언급하고 싶다.

언행은 부드러울 뿐 의지가 굳세지 못하면 어떻게 되는가? 다만 붙임성이 좋을 뿐 비굴하고, 마음이 약하고, 소극적인 인간으로 전락해버리기 쉽다. 의지는 굳세지만, 언행이 부드럽지 못한 사람은 어떨까? 그런 사람은 용맹스럽고 사나울 뿐인 저돌적인 인간이 될 것이다.

사실은 양쪽을 다 갖추는 것이 바람직하지만 그런 사람은 여간해서 드물다. 의지가 굳센 사람 중에는 혈기 왕성한 사람이 많으며, 언행이 부드러운 것을 연약함이라고 단정하여 무엇이나 힘으로만 밀어붙이려고 한다. 이런 사람은 내성적이고 소심한 상대를 만날 때에는 자기 마음대로 일이 진행되지만, 그렇지 않을 때에는 상대편의 분노나 반감을 사서 목적을 달성할 수 없다.

또 사람을 대하는 언행이 부드러운 사람 중에는 교활한 사람이 많아, 그런 사람은 모든 것을 부드러운 대인 관계로써 모든 것을 손에 넣으려고 한다. 이른바 팔방미인이다. 마치 자기 자신의 의지 따위는 없는 것처럼 임기응변으로 얼마든지 상대편에 맞춘다. 이런 사람은 어리석은 자는 속일 수 있어도 그렇지 않은 사람은 속일 수 없다.

사람을 대하는 언행이 부드럽고 의지가 굳센 것, 이 양쪽을 겸비할 수 있는 사람은 강압적인 사람도 팔방미인도 아니다. 현명한 사람일 뿐이다.

의지가 강할수록 부드러움으로 감싸라

그러면 이 두 가지를 겸비하고 있으면 어떠한 이점이 있을까? 남에게 명령을 내리는 상황에 있을 때, 공손한 태도로 명령을 내리면 그 명령은 기쁘게 받아들여지고 기분 좋게 실천에 옮겨질 것이다. 그런데 무턱대고 강압적으로 명령하면 그 명령은 적당히 수행되거나 중도에서 내팽개쳐지기 쉽다. 예를 들면 내가 부하에게 "술 한 잔 가져와."라고 난폭하게 명령을 했다고 하자. 나는 그 부하가 술을 가져오면서 내 옷에 술을 엎지르리라는 것을 각오해야 할 것이다. 그런 일을 당하기에 마땅한 짓을 했기 때문이다. 물론 명령을 내릴 때는 냉정하고도 강력한 의지를 보여주는 일도 필요하다. 그렇지만 그것을 부드러움으로 감싸서, 불필요한 열등감을 갖지 않게 될 수 있는 대로 기분 좋게 명령에 복종하도록 배려하는 것도 필요하다.

그것은 네가 윗사람에게 무엇인가 부탁할 때나 당연한 권리를 요구할 때도 마찬가지다. 공손한 태도로 그것을 하지 않으면, 본래 네 부탁을 거절하고 싶어 하는 사람에게 적당한 구실을 주는 셈이다. 그렇다고 해서 부드러움만으로도 일은 성취되지 않는다.

절대로 뒤로 물러서지 않는 끈기와 품위를 잃지 않는 집요함으로, 의지가 얼마나 강한가를 보여주는 일이 중요하다.

부드러운 언행과 강인한 의지를 겸비하는 일이야말로 멸시받는 일 없이 사랑받고 미움받는 일 없이 존경받게 하는 유일한 방법이며, 또 세상의 지혜 있는 자들이 한결같이 몸에 익히고자 하는 위엄을 익히는 방법이기도 하다.

양보와 융통성은 다르다

다음은 실천으로 이야기를 진행하자. 감정이 흥분되어 사려가 없거나 무례한 말이 무의식중에 입 밖으로 나올 것 같으면 자기 자신을 억제하고 부드럽게 해야 한다. 이것은 상대가 윗사람이거나 자기와 대등한 사람이거나 신분이 낮은 사람이거나 마찬가지다. 감정이 분출하려고 하면 진정될 때까지 침묵을 지키고 표정의 변화를 간파당하지 않도록 집중시켜라.(표정을 간파당하는 것은 치명적인 약점이다.) 하지만 그렇다고 해서 더는 단 한 발짝도 양보할 수 없는 대목에서는 애교를 부리거나, 상냥하게 굴거나, 비위를 맞추는 등 상대에게 아첨하는 짓 따위를 해서는 안 된다.

친구나 지인에 대해서도 마찬가지다. 요지부동한 의지의 힘은 그들의 마음을 사로잡을 것이다. 그리고 부드러운 언행은 그들의 적을 자기의 적으로 만드는 것을 방지해줄 것이다. 자기의 적에게는 부드러운 태도로 마음을 열게 하여야 한다. 동시에 상대에게 이쪽 의지의 강인함을 보여주어, 자기에게는 분개할 만한 정당한 이유가 있음을 보여주는 것도 중요하다. 자신은 상대와 달라서 악의를 품는 등의 소견 좁은 짓은 하지 않는다는 것과 자신이 하는 일은 사리분별이 있는 정당방위라는 것을 분명히 해두어야 한다.

자기 생각을 관철시키는 비결

일에 대해 교섭을 할 때도 의지의 강함을 느끼게 하는 것을 잊어서는 안 된다. 부득이 타협하지 않으면 안 될 때까지 한 발자국도 물러서서는 안 되며 절충안도 받아들여서는 안 된다. 부득이 타협하지 않으면 안 될 때에도 저항하면서 한 발자국 한 발자국씩 물러서야 한다. 그렇게 하면서도 부드러운 태도로 상대의 마음을 붙잡는 것 또한 잊어서는 안 된다. 상대의 마음을 붙잡게 되면 이해를 얻을 수 있게 되어 마음을 움직일 수 있을지도 모른다.

이처럼 '언행은 부드럽게, 그리고 의지는 굳건하게'를 시종일관 밀고 나간다면 대부분의 교섭은 성공적으로 이루어진다. 최소한 상대가 마음먹은 대로는 되지 않는다.

내가 '말과 행동은 부드럽게'를 강조하고 있지만, 그것이 온순하기만 한 부드러움이 아니라는 걸 이제 너도 이해하고 있을 것이다. 자기 의견은 분명히 말해야 하며, 다른 사람의 의견이 틀렸다고 생각되었을 때는 분명히 틀렸다고 말해야 한다.

내가 문제 삼고 있는 것은 말하는 방법이다. 그것을 말할 때의 태도, 분위기, 용어를 선택하는 방법, 목소리 등을 모두 부드럽고 상냥하게 하라는 것이다. 거기에는 무리가 있어서는 안 된다. 자연스러워야 한다.

연약한 말투라고 해서 설득력이 없는 것은 아니다. 도리어 북풍과 태양의 이야기처럼, 상대의 마음을 틀림없이 사로잡을 것이다.

토론은 기분 좋게 끝내야 한다. 자신도 상처를 입지 않았으며, 상대의 인격 또한 손상할 생각이 없음을 분명한 태도로 보여 줄 필요가 있다. 의견의 대립은 일시적이더라도 서로 멀리하게 되기 때문이다.

표정, 말하는 방법, 용어의 선택, 발성, 품위 등 그러한 것들이 부드러우면 '언행은 부드럽게' 되고, 거기에 '강인한 의지'가 더해질 때 위엄이 붙어 사람들의 마음을 틀림없이 사로잡게 될 것이다.

'언행은 부드럽게, 그리고 의지는 굳건하게'를
시종일관 밀고 나간다면 대부분의 교섭은 성공적으로 이루어진다.
최소한 상대가 마음먹은 대로는 되지 않는다.

LetterS 9

아들에게 전하는
최고의 교훈

강인하지 않으면
세상을 살아갈 수 없다

자기의 지성을 강화하는 유일한 수단은
편견이 없는 것
즉 마음이 모든 사상을 위한
신작로가 되게 하는 것이다.

_존 키츠

다소 전략적일지 모르겠지만, 세상에는 세상을 살아가는 지혜 같은 것이 있다. 그런 지혜를 먼저 터득하여 먼저 실천하는 사람이 결국 많은 사람의 마음을 붙잡아 먼저 성공할 수 있다.

젊은 사람들은 자칫 이런 세상을 살아가는 지혜에 대해, 순수하지 못한 세상의 때 묻은 생각이라며 몹시 싫어하는 경향이 있다. 그러나 내가 지금부터 너에게 이야기하려는 것도 훗날 네가 '젊을 때부터 알아두었더라면 좋았을걸.' 하고 생각하게 될 것 중 하나이다.

세상을 살아가는 지혜를 알고 먼저 실천해라

살아가는 지혜의 근본은 그 무엇보다 자신의 감정을 겉으로 내놓지 않는 것이다. 즉 말이나 동작이나 표정으로 마음이 동요하고 있다는 것을 간파당하지 않는 일이다. 그것을 간파당하면 일은 결국 능숙하고 냉정한 상대의 뜻대로 되어버린다. 이것은 직장 생활에 한정된 것이 아니다. 평상시의 생활에서도 그럴 가능성은 얼마든지 있다.

싫은 소리를 들으면 노골적으로 화를 내거나 표정을 바꾸는 사람, 기쁜 말을 들으면 뛸 듯이 기뻐하거나 표정이 풀어져 버리는 사람, 이런 사람은 교활한 인간이나 주제넘게 뽐내는 사람의 희생물이 되기 쉽다.

교활한 사람은 고의적으로 이쪽이 화를 낼 말을 하거나 기뻐할 말을 하면서 상대의 반응을 살펴, 마음이 평온할 때 같으면 절대로 누설하지 않는 비밀을 캐내려고 한다. 주제넘게 뽐내는 사람도 마찬가지다. 다른 점은, 자기도 모르게 교활한 인간과 똑같은 짓을 하지만 자기의 이익으로는 삼지 못하고 주위 사람들의 이익에 공헌한다는 점이다.

자신의 성격을 변명으로 이용하지 마라

냉정한 것과 냉정하지 않은 것은 각자에게 다르게 주어진 성격이기 때문에 의지로는 어찌할 수 없는 것이 아니냐고 의문을 가질 수도 있다. 분명 냉정한가 그렇지 않은가는 성격 탓일 수 있다. 그렇지만 우리는 지나치게 무엇이든 성격 탓으로 돌려 변명하는 경우가 많다.

난 마음먹고 노력하면 어떤 것이든지 충분히 개선할 수 있는 부분이 있다고 생각한다. 일반적으로 사람은 이성보다 성격을 우선시하는 습관에 굳어 있어 그럴 뿐이지 노력하면 이성으로 성격을 억제하는 습관도 몸에 익힐 수 있는 것으로 생각한다.

만일 갑자기 감정이 폭발할 듯하여 억제할 수 없게 되면 감정이 진정될 때까지 우선 입을 다물고 있는 것이 좋다. 표정도 될 수 있는 대로 바꾸지 마라. 평상시부터 명심하고 있으면 틀림없이 할 수 있을 것이다.

자못 똑똑해 보이는 말이나 재치 있는 말, 멋진 말 등을 무의식중에 하고 싶어질 수도 있다. 그러나 이런 말들은 일시적인 찬사는 받을지 몰라도 호의적으로 받아들여지지는 않는다. 도리어 적을 만들 뿐이다.

반대로, 만일 너를 빈정대는 말을 듣거든 가장 좋은 방법은 못들은 척하는 것이다. 직접 들었기 때문에 그렇게 할 수 없을 때는 그들과 덩달아 웃고 상대가 말한 내용을 인정하여, 재치 있는 비방 방법이라고 칭찬해줌으로써 부드럽게 그 자리를 지나쳐버리는 일이다. 무슨 일이 있어도 똑같은 방식으로 반격해서는 안 된다. 그런 짓을 한다면 자기가 상처 입었다는 것을 공표하는 것과 같은 것이어서, 모처럼의 수고도 물거품이 되어버린다.

속마음을 간파당해서는 좋은 일을 할 수 없다

무슨 일을 교섭할 때 혈기 왕성한 인물을 상대할 때만큼 좋은 결과를 얻는 일은 없다. 상대편은 혈기가 왕성하기 때문에 사소한 일로 마음이 혼란스러워져서 터무니없는 말을 입 밖에 내거나 표정에 나타내기도 한다. 그런 사람을 상대할 때는 여러 가지로 넘겨짚어서 표정을 관찰하면 된다. 반드시 그 진의를 알 수 있다.

비즈니스에서는 상대의 속마음을 읽을 수 있느냐 없느냐가 성공의 열쇠이다.

자기의 감정이나 표정을 숨길 수 없는 사람은 그렇게 할 수 있는 사람의 손에서 놀아난다. 다른 모든 조건이 대등할 때조차도 그러하므로, 상대가 능수능란한 솜씨일 경우에는 더더욱 승산이 없다.

옛날부터 전해 내려오는 격언 가운데 이런 것이 있다.

"속마음을 간파당해서는 사람을 제압할 수는 없다."

나는 더 극단적으로 이렇게 말하고 싶다. 속마음을 간파당해서는 일도 성취할 수 없다고.

똑같이 시치미를 떼는 일이라도, 속마음을 간파당하지 않으려고 시치미를 떼는 일과 상대편을 속이려고 시치미를 떼는 일은 크게 다르다. 그리고 나쁜 것은 후자의 경우이다. 사람을 속이기 위해서 감정을 숨기는 것은 도덕에 어긋날 뿐만 아니라 비열한 행위라고 말하지 않을 수 없다.

베이컨(영국의 철학자,정치가) 경도 다음과 같이 말하고 있다.

"상대편을 속이는 것은 진정한 지적 인간이 할 일이 아니다. 속마음을 간파당하지 않기 위하여 감정을 감추는 것은 트럼프의 카드를 보이지 않는 것과 같지만, 상대편을 속이기 위하여 그렇게 하는 것은 상대편의 카드를 훔쳐보는 것과 다름없다."

정치가인 볼링브로크(영국의 정치가, 문필가) 경도 그의 저서에서 다음과 같이 말하고 있다.

"남을 속이기 위하여 감정을 감추는 것은 단검을 휘두르는 것과 같은 행위일 뿐만 아니라 불법 행위이기도 하다. 단검을 사용하면 그것에는 어떠한 정당한 이유도 변명도 통용되지 않는다."

속마음을 간파당하지 않도록 감정을 감추는 것은 방패를 드는 것과 마찬가지이며, 기밀을 보전하는 것은 갑옷을 입는 것과 같은 것이다. 일하면서 어느 정도 감정을 감추지 않으면 기밀을 보전할 수 없고, 기밀을 보전할 수 없으면 꼬일 수 있다. 그런 의미에서는 귀금속에 합금을 섞어 주화를 주조하는 기술과 흡사하다. 합금을 조금 섞는 것은 필요하지만, 너무 지나치게 섞으면 주화는 통화로

써의 가치를 잃고, 주조자의 신용도 떨어져 버린다.

마음에 감정의 폭풍이 아무리 거칠게 불어도 그것을 얼굴이나 말에 나타내지 않도록, 완전히 자기의 감정을 감출 수 있도록 노력해야 한다. 힘든 일이기는 하지만 할 수 없는 일은 아니다. 지성 있는 인간은 불가능에는 도전하지 않지만, 아무리 곤란한 일이라도 추구할 가치가 있는 일이라면 두 배의 노력을 하더라도 반드시 해내는 법이다. 너도 분발하기 바란다.

아들아
시간을 낭비
인생이 하기에는
너무 짧다

속마음을 간파당하지 않도록
감정을 감추는 것은 방패를 드는 것과 마찬가지이며,
기밀을 보전하는 것은 갑옷을 입는 것과 같은 것이다.

선의의 거짓말을 적절히 이용해라

자기의 지성을 강화하는 유일한 수단은
편견이 없는 것
즉 마음이 모든 사상을 위한
신작로가 되게 하는 것이다.

_존 키츠

모르는 척한다는 것은 때로 크게 도움이 되는 지혜가 아닐까? 개인적인 증상이나 좋지 못한 소문을 듣게 되었다면 아무리 귀에 못이 박일 정도로 들었더라도 들은 적이 없는 척하는 것이 좋다. 이럴 때 대개는 듣는 쪽도 이야기하는 쪽도 똑같이 나쁘다고 여겨지기 쉽다.

함부로 아는 척을 하지 않는다면, 우연한 기회에 정말로 몰랐던 정보를 완벽하게 듣게 되는 일도 있을 것이다. 그리고 실은 이것이 정보를 수집하는 최고의 방법이기도 하다.

아킬레우스도 싸움터에 나갈 때는 완전 무장을 했다

대부분 인간은 아무리 사소한 일에 관해서도, 단 한 순간이라도 우위에 서서 허영심을 만족하게 하고 싶어 하는 법이다. 그래서 사실은 말해서는 안 되는 일도, 상대편이 모르는 것을 자기가 가르칠 수 있다는 것을 과시하고 싶어서 그만 입을 잘못 열기도 한다.

누군가 네게 그렇게 말할 때, 모르는 척 가장하고 시치미를 떼면 정보를 얻을 수 있다는 이점이 있다. 또한 그것 말고도 이점이 있는데, 상대는 너를 정보를 입수하는 일에 무관심하다고 간주하여, 음모나 나쁜 계략과는 아무 관련이 없는 인물이라고 믿게 된다.

하지만 정보는 수집해야 한다. 어설피 들은 정보는 자세히 조사하지 않으면 안 된다. 정보를 수집할 때는 현명한 방법을 취해야 한다. 처음부터 끝까지 귀를 곤두세우거나, 직접 질문하는 것은 현명한 방법이 아니다. 그러면 상대편은 경계하게 되고, 똑같은 이야기를 몇 번이고 되풀이하게 되어 시시한 정보밖에 얻을 수 없다.

모르는 척 시치미를 떼는 것과는 반대로, 당연히 모든 것을 알고 있는 척하는 것도 때로는 효과가 있다. 바로 친절하게 모든 것을 이야기해주는 사람이 있는가 하면, "이런 이야기 들었는지 모르지만, 사실은……?." 하고 말해주는 사람도 있다. "또 그 밖에 모르는 것은 없어?"라고 이것저것 정보를 제공해주는 사람도 있다.

이러한 생활의 지혜를 능수능란하게 활용하기 위해서는 항상 자신이나 자신의 신변에도 주의를 기울이고 냉정해야 한다.

무적이었던 아킬레우스(그리스 신화에 나오는 신)도 싸움터로 나갈때는 완전 무장을 했다. 사회는 너에게는 싸움터와 다름없다. 항상 완전 무장하고, 또한 약점에는 갑옷을 한 벌 더 겹쳐 입을 정도의 마음 자세가 있어야 한다. 조그마한 부주의, 사소한 방심이 치명상을 가져올 수 있다.

사회에서는
인맥도 능력이다

평소에 공손하고
일을 하는 데 신중하고
사람을 대하는 데 진실해야 한다.
그럼 비록 오랑캐 땅에 간다 할지라도
버림받지 않을 것이다.

_공자

Letters 9-3

이 편지는 네가 몽펠리에 머무르고 있는 동안 배달될 것으로
생각한다. 모쪼록 몽펠리에 있는 하트 씨의 병도 완쾌하여 크리스
마스 전에는 파리에 도착하기를 기도하고 있다. 파리에는 꼭 너에
게 소개하고 싶은 두 분이 있다. 두 사람 모두 영국 사람인데 주목
할 만한 분들이다. 그들과 친숙하게 교제하도록 권하고 싶다.

한 분은 여성이다. 그렇다고 해서 이성으로 친숙한 관계를 맺으
라고 말하는 것은 아니다. 그 문제는 내가 관여할 바 아니다. 게다
가 유감이지만 그 여성은 나이가 50세가 넘었다. 전에 너에게 디종
까지 가서 만나 뵙고 오라고 말했던 하비 부인이다. 다행히도 파리
에서 이번 겨울을 지내신다고 한다.

이 부인은 궁정에서 태어나 궁정에서 자랐으며, 궁정의 사소한
부분을 제외한 좋은 부분, 즉 예의 바름, 품위, 친절함과 같은 것을
다 갖추신 분이다. 식견도 높고 여성으로서 읽어야 할 책은 모두
읽었을 뿐만 아니라 라틴어도 자유자재로 구사한다. 그녀는 너를
자식처럼 대해주실 것이다. 너도 그 부인을 나의 대리인으로 생각

Letters 9 아들에게 전하는 최고의 교훈

223

하고 무엇이든 의지하고 상의하며 부탁하면 된다. 그 부인처럼 모든 것을 갖추고 있는 여성은 없다고 나는 확신한다.

하비 부인께 대답하는 방법이나 언행, 예법 등에 부족한 점, 부적절한 점이 있으면 그때마다 지적해주시도록 부탁해라. 온 유럽을 다 찾아도 그 부인만큼 이 역할을 확실하게 해낼 수 있는 분은 없다고 생각한다.

너에게 소개하고 싶은 또 한 사람은, 너도 안면이 있는 헌팅 던 백작이다.

내가 너 다음으로 애정을 쏟으며 높이 평가하고 있는 인물인데, 나를 양아버지처럼 따르고 있다. 그는 우수한 자질과 폭넓은 지식을 갖추고 있으며, 거기에다 성격까지 더해 평가한다면 나라에서 제일가는 훌륭한 청년이라고 생각한다.

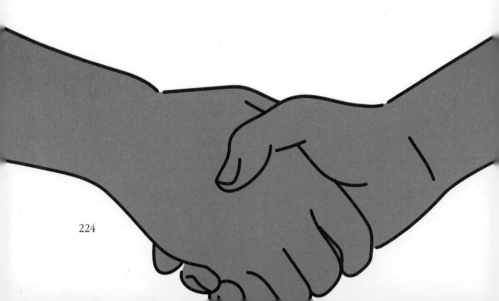

이러한 인물과 친숙하게 지내면 언젠가는 반드시 좋은 일이 있을 것이다. 게다가 그도 나의 심정을 헤아리고 너와 친숙하게 지낼 생각을 하고 있다. 너를 위해서도 두 사람이 관계를 긴밀히 하고 그 이용 가치를 높였으면 좋겠구나. 분명 그렇게 할 수 있을 것으로 믿고 있다.

두 가지의 친분 관계를 슬기롭게 이용해라

이 사회에서는 연고 관계가 필요하다. 신중하게 관계를 구축하고 그것을 잘 유지한다면, 그러한 친분 관계를 맺은 자의 성공은 틀림없다.

친분 관계에는 두 가지가 있다. 너는 그 차이를 항상 염두에 두고 행동하기 바란다.

첫째는 대등한 연고 관계이다. 이것은 자질이나 역량도 거의 비슷한 두 사람이 구축하는 호혜적인 관계로 비교적 자유로운 교류와 정보 교환이 이루어진다. 이것은 서로의 능력을 인정하고, 상대편이 자기를 위해서 자진하여 힘써준다는 확신이 없으면 성립되지 않는다. 그 밑바탕에 흐르고 있는 것은 상대편에 대한 존경심이다. 거기에는 때로 서로의 이해관계가 대립하는 일이 있더라도 절대 파괴되지 않는 상호 의존 관계가 있어서, 이해가 대립하여도 조금씩 서로 양보하면 최종적으로 합의가 이루어지고 행동을 통일하게 된다.

내가 헌팅 던 백작과 너에게 바라고 있는 것은 이 관계이다. 두 사람 모두 거의 같은 시기에 사회에 진출한다. 그때 너에게 헌팅 던 백작과 거의 대등한 능력과 집중력이 있다면, 너희는 다른 젊은 이들과도 손을 잡고 모든 행정기관이 무시할 수 없는 집단을 결성할 수 있을 것이며, 그렇게 함으로써 함께 발전해갈 수 있게 될 것이다.

또 하나는 대등하지 않은 연고 관계이다. 한쪽에는 지위나 재산이 있고, 또 한쪽에는 소질과 능력이 있는 경우다. 이 관계에서는 은혜를 받을 수 있는 것은 한쪽뿐이고, 그 은혜도 표면에 나타나지 않도록 교묘하게 덮여 있는 경우가 많다.

은혜를 받는 쪽은 상대편의 비위를 맞추고 그의 마음에 들도록 행동하며 상대편의 우월감을 꾹 참고 있다. 은혜를 베푸는 쪽은 핵심을 조종당하여 머리가 말을 듣지 않는 상태로, 자기로서는 상대편을 잘 조종하고 있는 줄 알고 있지만, 사실은 자기 혼자만 그렇게 생각하고 있을 뿐 상대편이 마음먹은 대로 춤추고 있다.

이런 사람은 교묘하게 조종만 한다면 조종하는 쪽에 커다란 이익을 가져다주는 경우가 많다.

이러한 예에 대해서는 전에 한 번 너에게 편지 쓴 일이 있다고 생각되는데, 그 밖에도 20~30가지의 비슷한 예가 있다. 그 정도로 한쪽에만 이익을 가져다주는 이 관계는 일반화되어 있다고 할 수 있을 것이다.

라이벌을
뛰어넘을 방법을
연구해라

그대에게 죄를 지은 사람이 있거든
그가 누구이든 그것을 잊어버리고 용서해야 한다.
그때에 그대는 용서한다는 행복을 알 것이다.
우리에게는 남을 책망할 수 있는 권리가 없다.

_톨스토이

자기가 싫어하는 사람을 사려 깊은 태도로 대하기 위해서는 어떻게 하면 좋은가를 알아두는 것은 무엇보다도 중요한 일이다.

그런데 그것을 알고 있어도 막상 실천하려고 하면 여간해서 잘 안 되는 것이 젊은이들이다. 그들은 하찮은 일로 흥분하여 앞뒤를 가리지 못하기도 한다. 직장생활이나 연애 문제에서도 그렇지만, 자기 생각을 비판하는 말을 들으면 당장에 상대를 싫어하게 되기 십상이다.

젊은이들에게는 라이벌도 적과 다름없다. 라이벌이 눈앞에 나타나면 고작 노력해서 잘 행동한다 해도 어색하고 냉담한 태도, 대개는 무례한 태도를 보이고, 어떻게 해서든지 상대를 넘어뜨릴 생각만 한다.

이것은 터무니없는 행동이다. 상대에게도 좋아하는 일이나 여성을 선택할 권리가 있다. 게다가 그런 짓을 하는 것은 통찰력이 부족한 증거이다. 라이벌에게 냉담하게 대한다고 해서 자기 소원이 성취되는 것은 아니다. 그렇게 되기는커녕 라이벌끼리 으르렁대고 싸우고 있는 틈에 제3자가 들어와서 알맹이를 빼앗아 가는 일도 종종 일어날 수 있다.

물론 사태는 그리 단순하지는 않을 것이다. 어느 쪽도 간단하게 방향 전환할 수 있는 것이 아니고, 일이든 연애든 간섭받기를 별로 원치 않는 미묘한 문제임은 틀림없다. 그렇지만 원인은 제거할 수 없다 하더라도 결과가 어떻게 될 것인가 정도는 알 수 있을 것이다.

가령 두 사람의 연적이 서로 노려보고 있다고 하자. 두 사람이 서로 불쾌한 얼굴을 하고 외면하거나 욕지거리를 하고 있으면 그 자리에 있던 사람들은 틀림없이 불쾌한 마음이 들 것이다. 그리고 그들이 사랑하는 여성도 불쾌한 생각을 하게 될 것이다.

그렇지만 어느 쪽이든 한쪽이 진심과는 상관없이 표면적으로는 연적에게 상냥하고 자연스럽게 대할 수 있다면 어떻게 될까? 다른 한쪽의 인물이 초라하게 보여 사랑하는 여성은 상냥하게 대응하는 쪽에 호의를 갖게 될 것이다. 한편, 상냥한 응대를 받은 쪽은 상냥한 태도를 자신감의 표현이라고 해석하여 그 여성을 책망할 것임이 틀림없다. 그러면 그 여성도 그러한 이성 없는 태도에 화가 나 두 사람 사이는 멀어질 것이다.

좋은 라이벌의 존재는 일을 성공하게 하는 열쇠가 된다

일에 있어서 생기는 라이벌도 마찬가지다. 자기의 감정을 누르고 겉으로 냉정해질 수 있는 사람이 라이벌을 이길 수 있다.

프랑스 사람들은 '은근한 태도'라는 말을 즐겨 쓰는데, 이것은 연적에게 혐오감을 노골적으로 나타내는 속 좁은 인간에게는 특히 상냥한 태도로 대하라는 뜻이다. 알기 쉽게 설명하기 위해서 나의 경험담을 이야기하겠다. 네가 똑같은 상황에 부딪치게 되었을 때 도움이 되기 바란다.

내가 네덜란드의 헤이그에 가서 오스트리아 계승 전쟁에 대한 전면 참전을 요청하고 구체적으로 군대의 수를 결정하는 등의 교섭을 성사시키고 돌아왔을 때의 이야기다.

헤이그에는 너도 잘 알고 있는 대수도원장이 있었는데, 그는 프랑스 편에 서서 어떻게 해서든지 네덜란드의 참전을 저지하려 하고 있었다. 나는 이 대수도원장이 두뇌가 명석하고 마음도 따뜻하며 근면한 인물이라는 말을 듣고서, 서로 오랜 숙적으로 깊게 사귈 수 없는 처지를 몹시 유감스럽게 생각하였다. 그렇지만 제3자가 마련한 어떤 자리에서 처음으로 그를 보았을 때, 나는 이렇게 말하였다.

"나라끼리는 서로 적대 관계에 있습니다만, 우리라면 그것을 초

월하여 서로 가까이 지낼 수 있다고 생각하고 있습니다."

그랬더니 대수도원장도, "저도 그렇게 생각합니다."라고 정중한 태도로 대답해주었다.

그로부터 이틀 후였는데, 내가 아침 일찍 암스테르담 의회에 나가 보니, 그곳에는 이미 대수도원장이 나와 있었다. 나는 대수도원장과 면식이 있다는 것을 대의원들에게 이야기하고서 부드러운 미소를 지으며 이렇게 말하였다.

"나의 오랜 숙적이 여기에 계신 것을 보고 대단히 유감스럽게 생각하고 있습니다. 이렇게 말씀드리는 것은 이분의 능력은 이미 나에게 공포심을 품게 하고 있기 때문입니다. 이래서는 공평한 싸움이 되겠습니까? 부디 이분의 힘에 굴복하지 말고 이 나라의 이익만을 생각하시도록 부탁합니다."

이날, 이 말을 모두 하지는 못했다 하더라도, 마지막의 한 마디만은 무슨 일이 있어도 해야 했었다고 생각한다. 나의 말에 그 자리에 있던 사람 모두가 미소 지었다. 대수도원장도 나로부터 정중한 찬사를 받은 것이 그리 싫지 않은 모양이었고, 15분쯤 지나자 나를 남기고 그 자리를 떠났다.

나는 계속 설득하였다. 전과 다름없는 태도로, 그렇지만 전보다는 더 진지하게.

"내가 여기에 온 이유는 네덜란드의 국가 이익을 위해서, 오직 그것뿐입니다. 나의 친구는 여러분의 눈을 현혹하기 위해서 허식이 필요했습니다. 그렇지만 나는 일체 그런 것을 벗어던지고 말씀드리고자 합니다."

나는 목적을 달성하였다. 그리고 그 후 대수도원장과도 똑같은 상대로 교제하고 있다. 제3자가 마련한 장소에서 만났을 때도 물론이지만, 지금도 변함없이 정중한 태도로 대면하면서 그의 근황 등을 묻고 있다.

라이벌에게도 항상 정중해라

어엿한 한 사람의 훌륭한 인간이 라이벌에 대해서 취하는 태도에는 두 가지가 있다. 극단적으로 상냥하게 대하든지, 아니면 그를 굴복시켜 버리는 일이다.

만일 상대가 갖가지 술수로 고의적으로 너를 모욕하거나 경멸한다면 주저할 것 없다. 굴복시켜도 좋다. 그렇지만 마음의 상처를 입은 정도라면 겉으로는 예의 바르게 행동할 일이다. 그렇게 하는 것이 상대에 대한 복수가 되고, 아마 자신을 위한 일이 될 것이다.

이것은 상대편을 속이는 일이 아니다. 네가 그 사람의 가치를 인정하고 친구가 되고 싶다면 비겁한 태도일지 모르지만, 그런 사람하고는 친구가 되지 않는 것이 좋다고 생각한다.

공적인 자리에서 노골적으로 실례되는 태도를 보이는 사람에게 정중하게 이야기한다 해서 비난받을 리는 없다. 보통은 그 자리를 원만하게 수습하고, 주위에 있는 사람에게 불쾌감을 주지 않도록 노력하고 있을 뿐이라고 볼 것이다. 세상에는 개인적인 취미나 질투 때문에 주위를 어지럽게 해서는 안 된다는 약속 같은 것이 있기 때문이다. 그것을 태연히 침해하는 자는 사람들의 웃음거리가 되어 인정을 받지 못한다.

사회는 심술궂음, 증오, 원한, 질투 등이 소용돌이치는 곳이다. 그리고 노력보다는 열매만을 따가는 교활한 인간도 있다. 또 흥망성쇠도 심하다. 오늘 흥했는가 싶으면 내일 망하기 일쑤다.

이런 속에서는 예의 바름이나 부드러운 언행 등 실질적인 것과는 별로 관계없는 장비를 몸에 지니고 있지 않으면 살아남기 어렵다. 같은 편이 언제 적이 될지 모르며, 적도 언제 같은 편이 될지 모른다. 그러므로 마음속에 미워하는 마음이 있을지라도 겉으로는 상냥하게 대하고 사랑하면서 신중을 기하는 것이 필요하다.

마음속에 미워하는 마음이 있을지라도
겉으로는 상냥하게 대하고 사랑하면서
신중을 기하는 것이 필요하다.

내 아들에게 주는
또 하나의 충고

생명의 자랑은 늘 신선하고 기운찬 점에 있다.
사람은 일생을 통하여 완성했다는 순간은 없다.

_알랭

이미 너는 사회인으로서의 첫발을 내디뎠다. 언젠가는 네가 대성하기를 나는 간절히 바라고 있다. 이 세계에서는 실천이 무엇보다 훌륭한 공부이다. 그러나 동시에 모든 것에 대한 배려와 집중력이 필요하다.

편지 쓰는 일을 예로 들어 너에 대한 도움말의 총정리로 삼고 싶다. 사소한 것처럼 보일지 모르지만, 편지를 쓰는 것에는 사회인이 몸에 지녀야 할 상식적인 요소가 잘 집약되어 있다고 생각하기 때문이다. 그러니 이 마지막 충고를 잘 듣고 마음에 새겨 따라 주길 바란다.

편지에도 정성을 다해 품격을 담아라

먼저, 비즈니스 편지를 쓸 때는 명석함이 중요하다. 세상에서 가장 머리가 우둔한 사람이 읽어도 뜻을 잘못 이해하거나, 몰라서 처음부터 다시 읽는 일이 없을 정도로 명확하게 쓰지 않으면 안 된다. 그러기 위해서는 정확성이 필요하다. 품위가 있다면 더할 나위 없다.

비즈니스 편지를 쓸 때, 개인적인 편지를 쓰듯 상대방이 좋아하는 은유나 비유, 대조법, 경구 등을 사용하는 것은 어울리지 않는다. 차라리 산뜻하고 품위 있게 정리되어 있고 구석구석까지 배려가 미치는 표현이 바람직하다. 복장에 비유해 볼까? 정장은 좋은 느낌이 들지만, 지나치게 화려하게 입거나 단정치 못한 것은 좋은 느낌을 주지 않는 것과 같다.

또 문장을 쓰고 난 후, 단락마다 제3자의 눈으로 다시 읽어 보아 상대방이 다른 뜻으로 받아들여질 염려가 있는 대목은 없는지 점검해야 한다. 대명사나 지시명사에는 주의하는 것이 좋다. '그것', '이것', '본인' 등을 많이 사용하여 오해를 가져올 정도라면 다소 길어지더라도 명백히 '××씨', '○○의 건'이라고 명시하는 것이 좋다.

비즈니스 편지라고 해서 정중함이나 예의를 무시해도 좋다는 법은 없다. 도리어 '귀하를 알게 되어 영광입니다.'라든가 '저의 의견을 말씀드리자면'과 같이 경의를 표하는 것이 중요하다. 해외에 있는 외교관은 국내에 편지를 보낼 때 대개 윗사람인 각료나 지원자 (또는 지원자가 되어 주기를 바라는 사람)에게 쓰는 일이 많으므로 특히 이 점에는 주의하지 않으면 안 된다.

편지지를 접는 법, 봉하는 법, 수신인의 주소와 성명 쓰는 법과 같이 세세한 것에서도 그 사람의 인격이 나타나는 법이다. 좋은 인상을 주기도 하고 나쁜 인상을 주기도 한다. 너는 그렇게 생각하고 있지 않은 것 같지만 그러한 점까지 배려하는 것을 잊지 않도록 해라.

문자나 문체를 지나치게 장식하면 역효과가 난다. 간소하면서도 고상하며, 또한 위엄을 느끼게 하는 것이 가장 좋다. 그러한 편지를 쓰도록 유의해야 한다.

문장의 길이는 너무 길어도 안 되고 너무 짧아도 안 된다. 너무 길면 핵심을 파악하기 어렵고 너무 짧으면 읽을 맛이 나지 않는다. 그러니 의미가 확실하게 전달될 정도의 길이가 바람직하다. 너는 곧잘 맞춤법을 틀리는데 그것도 비웃음을 사는 원인이다. 조심해라.

네 글씨가 왜 그렇게 지저분한지 나는 도저히 이해할 수 없다. 눈과 손을 사용할 수 있는 사람은 아름다운 글씨를 쓸 수 있다고 생각하는데 말이다. 나로서는 네가 글씨를 좀 더 잘 쓰게 되기를 바랄 수밖에.

모든 일에는 마무리가 중요한 법이다

그렇다고 한 자 한 자 긴장하면서 쓰라는 것은 아니다. 사회인은 빠르면서도 아름답게 쓸 수 있어야 한다. 그러기 위해서 필요한 것은 연습뿐이다.

이제부터 아름다운 글씨를 쓰는 습관을 몸에 익혀 두는 것이 좋다. 그렇게 하면 신분이 높은 사람에게 편지를 쓸 필요가 생겼을 때도, 글씨와 같은 사소한 것에 걱정하지 않고 내용에만 정신을 집중시킬 수 있을 것이다.

네가 대처해야 할 일들은 아직 작은 일들이다. 지금 작은 일을 잘 마무리 짓는 습관을 몸에 익혀두는 것이 좋다. 머지않아 너에게도 큰일을 맡길 때가 올 것이다. 그때가 되어 작은 일 때문에 걱정하지 않아도 될 수 있도록 지금부터 차근차근 준비해라, 내 사랑하는 아들아.